企业从业人员全员安全培训知识读本

班组长安全生产知识读本

无锡市安全生产监督管理局　编

煤 炭 工 业 出 版 社

· 北　京 ·

内 容 简 介

编撰本书的意义在于提高各行业班组长安全素质和能力，保障企业的安全生产，杜绝各类生产安全事故。本书包括如下内容：党和国家领导人关于安全生产工作指示、班组长安全生产基础、安全生产法规与标准、班组安全管理常识、班组安全文化建设、安全生产技术基本知识、职业病防治基本常识和事故应急与现场急救常识。

本书可作为各行（企）业生产班组长安全培训的教材，也可供各行（企）业班组长及安全生产管理人员实际工作参考。

前　　言

已经过去的2013年是安全生产工作不断得到加强和改进的一年。党中央、国务院高度重视安全生产工作，习近平总书记强调指出“发展决不能以牺牲人的生命为代价”这条红线；提出要建立健全“党政同责、一岗双责、齐抓共管”的安全生产责任体系；提出了“标本兼治、重在治本”的新思路和安全监管体制机制创新的新要求。生产班组是安全生产规章制度的执行层，一切安全生产操作规范，靠的是每一个班组成员的落实。抓好班组安全建设，是企业抓好安全生产工作的重中之重。

生产班组是执行安全生产法规和落实安全生产规章制度的主体，是实现生产单元本质安全和保障作业过程防范事故的实体。保障安全生产和预防各类事故的发生，最终都要通过班组长带领每个员工去落实、去完成、去实现。

生产班组是安全生产的前沿，在生产过程中，安全与生产发生矛盾的事例屡见不鲜，能否处理好安全与生产的关系，关键在班组；不安全因素能否及时消除和事故能否有效预防的关键也都在班组。

我们期望通过本书，使不同行业企业的生产班组长了解安全生产的基本法律、法规和要求，掌握企业现场安全管理的常识和方法，熟悉班组安全文化建设的要领及做法，掌握职业安全健康的技术和手段，了解生产安全事故发生的特点和处置方法，全面提高班组长的安全素质和能力，实现企业生产过程和员工作业的安全。

编　者

2014年春

目　　次

第一章　党和国家领导人关于安全生产工作的指示

一、习近平总书记关于安全生产工作一系列重要指示

1. 2013 年 6 月 3 日吉林省德惠市吉林宝源丰禽业有限公司发生火灾后，正在国外访问的中共中央总书记、国家主席、中央军委主席习近平对此高度重视，6 月 6 日就做好安全生产工作作出重要指示。

习近平指出，接连发生的重特大安全生产事故，造成重大人员伤亡和财产损失，必须引起高度重视。人命关天，发展决不能以牺牲人的生命为代价。这必须作为一条不可逾越的红线。

习近平要求，国务院有关部门将这些事故及发生原因的情况通报各地区各部门，使大家进一步警醒起来，吸取血的教训，痛定思痛，举一反三，开展一次彻底的安全生产大检查，坚决堵塞漏洞、排除隐患。

习近平强调，要始终把人民生命安全放在首位，以对党和人民高度负责的精神，完善制度、强化责任、加强管理、严格监管，把安全生产责任制落到实处，切实防范重特大安全生产事故的发生。

2. 2013 年 11 月 22 日上午，山东青岛黄岛经济开发区中石化黄潍输油管线泄漏引发重大爆燃事故，造成人民群众生命财产重大损失。习近平得知消息后，立即作出批示，要求山东省和有关部门、企业组织力量排除险情，千方百计搜救失踪、受伤人员，并查明事故原因，总结事故教训，落实安全生产责任，强化

安全生产措施，坚决杜绝此类事故，并要求国务院立即派出领导前往指导抢险搜救工作。

3. 2013 年 11 月 24 日，中共中央总书记、国家主席、中央军委主席习近平来到山东考察贯彻落实党的十八届三中全会精神、做好经济社会发展工作，下午专程来到青岛市，考察黄岛经济开发区黄潍输油管线事故抢险工作。他强调，这次事故再一次给我们敲响了警钟，安全生产必须警钟长鸣、常抓不懈，丝毫放松不得，否则就会给国家和人民带来不可挽回的损失。必须建立健全安全生产责任体系，强化企业主体责任，深化安全生产大检查，认真吸取教训，注重举一反三，全面加强安全生产工作。

习近平指出，这次事故给人民群众生命财产造成严重损失，令人痛心。目前，经过国务院有关部门、山东省委和省政府、青岛市委和市政府以及有关方面共同努力，事故处理工作取得初步成效。下一步，要尽全力救治受伤人员，妥善安排遇难者后事，安慰好家属，安置好群众生活。对这次事故要抓紧调查处理，依法追究相关人员责任。

习近平指出，各级党委和政府、各级领导干部要牢固树立安全发展理念，始终把人民群众生命安全放在第一位。各地区各部门、各类企业都要坚持安全生产高标准、严要求，招商引资、上项目要严把安全生产关，加大安全生产指标考核权重，实行安全生产和重大安全生产事故风险“一票否决”。责任重于泰山。要抓紧建立健全安全生产责任体系，党政一把手必须亲力亲为、亲自动手抓。要把安全责任落实到岗位、落实到人头，坚持管行业必须管安全、管业务必须管安全，加强督促检查、严格考核奖惩，全面推进安全生产工作。

习近平强调，所有企业都必须认真履行安全生产主体责任，做到安全投入到位、安全培训到位、基础管理到位、应急救援到位，确保安全生产。中央企业要带好头做表率。各级政府要落实属地管理责任，依法依规，严管严抓。

习近平指出，安全生产，要坚持防患于未然。要继续开展安全生产大检查，做到“全覆盖、零容忍、严执法、重实效”。要采用不发通知、不打招呼、不听汇报、不用陪同和接待，直奔基层、直插现场，暗查暗访，特别是要深查地下油气管网这样的隐蔽致灾隐患。要加大隐患整改治理力度，建立安全生产检查工作责任制，实行谁检查、谁签字、谁负责，做到不打折扣、不留死角、不走过场，务必见到成效。

习近平指出，要做到“一厂出事故、万厂受教育，一地有隐患、全国受警示”。各地区和各行业领域要深刻吸取安全事故带来的教训，强化安全责任，改进安全监管，落实防范措施。

习近平最后指出，希望大家以对党和人民高度负责的态度，牢牢绷紧安全生产这根弦，把工作抓实抓细抓好，坚决遏制重特大事故，促进全国安全生产形势持续稳定好转。

二、李克强总理关于安全生产工作一系列重要指示

1. 按照习近平指示精神和国务院常务会议决定，国务院 6 月 7 日下午召开全国安全生产电视电话会议。中共中央政治局常委、国务院总理李克强要求按照国务院常务会议关于抓好安全生产工作的部署，深刻汲取近期连续发生安全生产事故的沉痛教训，扎扎实实开展好安全生产大检查，认真整改存在的问题，健全各项制度，切实维护人民生命安全。

2. 2013 年 11 月 22 日上午，山东青岛黄岛经济开发区中石化黄潍输油管线泄漏引发重大爆燃事故，造成人民群众生命财产重大损失。中共中央政治局常委、国务院总理李克强作出批示，要求全力搜救失踪受伤人员，深入排除控制危险源，妥善做好各项善后工作。加强检查督查，严格落实安全生产责任。

3. 2013 年 12 月 6 日，在国务院安全生产委员会全体会议召开之际，李克强总理作出重要批示，要求进一步加强和改进安全生产工作。他指出，安全生产是人命关天的大事，是不能踩的

"红线"。要认真总结前一阶段全国安全生产大检查工作，汲取生命和鲜血换来的教训，筑牢科学管理的安全防线。安全生产既是攻坚战也是持久战，要树立以人为本、安全发展理念，创新安全管理模式，落实企业主体责任，提升监管执法和应急处置能力。他强调，要坚持预防为主、标本兼治，经常性开展安全检查，搞好预案演练，建立健全长效机制。各有关方面要把今冬明春安全生产工作提上重要日程，迅即开展行动，着力查错补漏纠弊，特别是在重点领域和行业要确保不留死角盲区，千方百计遏制重特大事故发生。

三、党的十八报告中关于加强安全生产工作的论述

加强和创新社会管理。提高社会管理科学化水平，强化公共安全体系和企业安全生产基础建设，遏制重特大安全事故。

四、《中共中央关于全面深化改革若干重大问题的决定》中有关安全生产工作论述

2013 年 11 月 12 日中国共产党第十八届中央委员会第三次全体会议通过的《中共中央关于全面深化改革若干重大问题的决定》（以下简称《决定》），对全面深化改革进行总部署、总动员。《决定》中部署的 15 个领域的 60 项具体任务，都对安全生产工作有着极强的指导和引领作用。《决定》中与安全生产相关的部分重大改革举措，内容如下：

（1）制定负面清单。"实行统一的市场准入制度，在制定负面清单基础上，各类市场主体可依法平等进入清单之外领域。"

（2）完善征信体系。"建立健全社会征信体系，褒扬诚信，惩戒失信。健全优胜劣汰市场化退出机制，完善企业破产制度。"

（3）巨灾保险制度。"完善保险经济补偿机制，建立巨灾保险制度。"

（4）强化安全准入。“强化节能节地节水、环境、技术、安全等市场准入标准，建立健全防范和化解产能过剩长效机制。”

（5）完善发展成果考核评价体系。“纠正单纯以经济增长速度评定政绩的偏向，加大资源消耗、环境损害、生态效益、产能过剩、科技创新、安全生产、新增债务等指标的权重，更加重视劳动就业、居民收入、社会保障、人民健康状况。”

（6）发展基层民主。“开展形式多样的基层民主协商，推进基层协商制度化，建立健全居民、村民监督机制，促进群众在城乡社区治理、基层公共事务和公益事业中依法自我管理、自我服务、自我教育、自我监督。”

（7）强化基层执法。“整合执法主体，相对集中执法权，推进综合执法，着力解决权责交叉、多头执法问题，建立权责统一、权威高效的行政执法体制。减少行政执法层级，加强食品药品、安全生产、环境保护、劳动保障、海域海岛等重点领域基层执法力量。”

（8）推进办事公开。“推行地方各级政府及其工作部门权力清单制度，依法公开权力运行流程。完善党务、政务和各领域办事公开制度，推进决策公开、管理公开、服务公开、结果公开。”

（9）完善终身培训。“完善城乡均等的公共就业创业服务体系，构建劳动者终身职业培训体系。……创新劳动关系协调机制，畅通职工表达合理诉求渠道。”

（10）建设平安中国。“创新社会治理，必须着眼于维护最广大人民根本利益，最大限度增加和谐因素，增强社会发展活力，提高社会治理水平，全面推进平安中国建设，维护国家安全，确保人民安居乐业、社会安定有序。”

（11）坚持源头治理。“坚持源头治理，标本兼治、重在治本，以网格化管理、社会化服务为方向，健全基层综合服务管理平台，及时反映和协调人民群众各方面各层次利益诉求。”

（12）深化体制改革。“深化安全生产管理体制改革，建立隐患排查治理体系和安全预防控制体系，遏制重特大安全事故。”

第二章 班组长安全生产基础

第一节 班组长安全生产入门

一、安全生产的意义

安全生产是党和国家在生产建设中一贯的指导思想和重要方针，是全面落实科学发展观与构建社会主义和谐社会的必然要求。安全生产同样也是实现中国梦的基石。

安全生产的根本目的是保障劳动者在生产过程中的安全和健康。安全生产是安全与生产的统一，安全是生产的基础和前提，生产必须安全，没有安全就无法正常进行生产。搞好安全生产工作，不断改善劳动条件，是政府和企业的责任。减少员工伤亡与财产损失，不仅可以增加企业效益、促进企业的健康发展，而且还可以促进社会的和谐、保障经济建设的安全运行。

安全生产是每个企业的一项具有根本性质的大事。它不仅是一项技术工作，更重要的还是一项政治工作。因此，它具有极其重要的政治意义和经济意义。

1. 安全生产的政治意义

(1) 安全生产是我们党和国家在生产建设中一贯坚持的指导思想，是社会主义精神文明建设的重要内容。中国是共产党领导下的社会主义国家，国家利益和人民利益是根本一致的。人民的需要，最重要的莫过于保障他们的生存和健康。所以，保护劳动者在生产中的安全、健康，必须坚持以人为本，把人的生命放在第一位，这是关系到保护劳动人民切身利益的一项非常重要的工作。此外，安全生产还关系到社会安定和谐。

(2) 安全生产是发展社会主义经济，实现全面建成小康社会的重要条件。发展社会主义经济的首要条件是发展社会生产力。而发展生产力，最重要的就是保护劳动者，保护他们的安全健康，调动他们的积极性，使之有健康的身体，以充沛的精力从事社会主义建设。反之，如果安全生产搞不好，发生伤亡事故和职业病，劳动者的安全健康受到危害，生产就会遭受巨大损失。可见，要发展社会主义经济，必须做好安全生产工作。

(3) 安全生产是企业现代化管理的一项基本原则。安全生产在企业现代化管理中具有重要的地位和作用。企业现代化管理的基本目标是通过管理现代化，使生产过程顺利、高效地进行，不断提高劳动生产率和发展生产。这个基本目标只有搞好安全生产才能实现。搞好安全生产，就可以调动广大劳动者的生产热情和积极性。劳动条件好，劳动者在生产中感到安全健康有保障，就会发挥出主人翁的精神，提高生产效率，使企业取得好的经济效益。所以，每一个企业的领导者必须重视安全生产，把保护劳动者的安全与健康，保证生产设备完好，保证生产顺利进行，当作自己的神圣职责和应尽的义务，切实抓好，决不掉以轻心。

2. 安全生产的经济意义

当前，我们国家已进入一个新的历史时期，要全面建成小康社会，要进行“改革、开放、搞活”。在这样的形势要求下，如果安全生产工作跟不上，发生了工伤事故，出现人身伤亡，不仅给员工本人和家属带来痛苦和创伤，而且在经济上也会带来不良的后果。

(1) 生产受影响。以变电所为例，如果发生电气事故，造成停电，用电的车间就要被迫中断工作，使生产受到影响。再如，发生冲床事故使员工受伤，在其伤势痊愈之前，无法为国家创造财富，这就影响了生产。因此，任何生产单位发生事故，其结果必然会影响生产，重则造成产量下降，甚至停产。

（2）国家财产遭受损失。例如，在操纵起重吊车时发生事故，一方面使人员受到伤害，另一方面还将起重吊车损坏，这样，要修复设备，国家还需付出经费，使国家的财产受到损失。

（3）增加企业的生产成本。这是因为发生工伤事故后，受伤人员不仅不能为国家创造财富，而且要休息、治疗。如果发生死亡事故，对死者家属需要给予抚恤费、救济费等费用。这就增加了企业的额外开支，使企业经济效益受到影响。

（4）安全也是生产力。安全的生产力作用表现在如下方面：

①员工的安全素质就是生产力。由于劳动力是生产力，劳动力的安全素质的提高，使劳动力的直接和间接的生产潜力得以保障和提高，因此，围绕职业安全素质提高的安全活动（安全教育、安全管理等），具有生产力意义。

②安全装置与设施是生产资料（物的生产力）的重要组成部分。生产资料是生产力，而安全装置与设施是生产资料不可缺少的组成部分，因此，安全装置与设施是生产力的组成部分。

③安全环境和条件保护生产力作用的发挥，从而体现安全间接的生产力作用。

3. 安全生产是员工的最大利益

企业的经济效益和员工福利，都是建立在安全生产基础上的。没有安全就没有企业稳定的发展环境，也就不可能有持续健康的发展和效益。同时，安全生产的保障，有效地避免安全事故，降低事故率和职业病发病率，对员工是生命权和健康权的保障，更是个人家庭幸福的根本。因此，做好安全生产工作，不但能提高企业生产经济效益，更能为员工谋取更多的福利，实现员工与企业的共同发展。

因此，每一个班组长要认识到：

（1）安全对国家有利。安全生产是社会进步与文明的标志，是生产力发展的基础和条件，是人民安居乐业的保证和人民生活质量的体现，是社会经济快速健康、持续发展的基础，是“科学发展观”的重要内涵，是“和谐社会”的主体内容。

(2) 安全对企业有利。安全生产对于企业是经营准入的条件，是市场竞争的要素，是持续发展的基础，是利润的组成部分，是企业效率和效益的基石。

(3) 安全对自己有利。做好安全生产，首先对自己有利，“以人为本，生命为本”，有了生命的“本钱”，个人才能为社会、企业和家庭创造更大的财富。

(4) 安全对家庭有利。“平安是福”、“生命胜金”，只有保障安全生产，实现“安安全全上班去，平平安安回家来”，家庭才能美满，个人才有幸福，财富才有意义。

二、安全生产方针

我国安全生产的方针是“安全第一、预防为主”，认真落实这一方针，既是党和国家的要求，也是搞好安全生产，保障从业人员的生命安全健康，保障企业的生产经营顺利进行的根本要求。因此，把这一安全生产的方针转变为所有员工的思想意识和具体行动，对于搞好安全生产至关重要。特别是随着科学技术的发展，工厂生产的产品越来越多，生产工艺越来越复杂，工艺条件要求越来越高，同是潜伏的危险性也就越来越大，对安全生产的要求也越来越高。这就更要对生产中工艺操作、设备运行、人员操作等过程中的危险进行超前预测，科学预防，从而有效地避免事故的发生。

三、安全生产原则

1. 生产与安全统一的原则

在安全生产的具体实践中，要坚持生产与安全统一的原则。即在安全生产管理中要落实管生产必须管安全，分管生产的各级领导要同时分管安全生产工作；落实抓技术必须抓安全的原则，即进行技术工艺和设备、设施的设计、制造、运行和使用等环节过程中，要同时考虑和保障技术安全。

2.“三同时”原则

《中华人民共和国劳动法》、《中华人民共和国安全生产法》对工程建设项目都提出了“三同时”的要求。这是为确保建设项目（工程）符合国家规定的职业安全卫生标准，保障劳动者在生产过程中的安全与健康的重要措施。

所谓“三同时”，就是指新建、扩建、改建工程的劳动安全卫生设施必须与主体工程同时设计、同时施工、同时投入生产和使用。因此，企业在新建、改建、扩建基本建设项目（工程）、技术改造项目（工程）和引进技术程项目时，项目中的安全卫生设施必须与主体工程实施“三同时”。

3.“五同时”原则

要求生产经营单位负责人和各级企业管理人员，在计划、布置、检查、总结、评比生产的同时，要计划、布置、检查、总结、评比安全生产工作。

4.“三同步”原则

企业在考虑自身的经济发展，进行机构改革、技术改造时，在安全生产方面要相应的与之同步规划、同步组织实施、同步运作投产。

5. 安全“一票否决权”的原则

所谓“一票否决”包含两层意思，一层是要加大安全生产在考核当中的权重，如果发生了重大以上事故，就要取消评先进等项目的资格；另一层是要强化市场准入的安全标准，不论招商引资还是改扩建项目都要严把安全生产关，不具备安全生产条件就一律否决。

安全“一票否决权”的原则是指把安全工作作为衡量企业经营管理工作好坏的一项基本内容，该原则要求，在对企业各项指标考核、评选先进时，必须要首先考虑安全指标的完成情况。安全生产指标具有一票否决的作用。

第二节　班组及班组长的安全生产作用

一、班组对于安全生产的作用及重要性

班组对企业的安全生产起着基础、关键和根本性的作用，具体表现在如下方面。

1. 班组是安全生产之基

班组是安全生产的执行层，抓好班组安全建设，夯实安全生产基础，使事故预防的能力体现在基层，是企业确立的长期安全生产工作战略。

决定一个企业安全生产状况的因素，既涉及技术因素、环境因素，更需依靠人的因素。企业安全生产的根本保障是班组、是员工，而企业安全生产的实现最终要落实到现场单元作业，要依靠班组和员工的安全作业和操作来实现；员工的安全素质决定企业安全生产的命运，班组的安全生产状态决定着企业安全生产的效果，员工和班组是安全生产管理的基础。因此，企业应该制定“夯实安全生产基础，注重班组安全建设，保障生产效益不断提升”的安全生产战略目标，确立“依靠员工、面向岗位、重在班组、现场落实”的安全系统工程工作思路。

2. 班组是事故发生之源

通过对生产企业所发生大量事故资料统计分析，事实表明98%的事故发生在生产班组，其中80%以上直接与班组人员有关。安全生产的好坏是企业诸多工作的综合反映，是一项复杂的系统工程，只有领导者的积极性和热情不行，有了部分员工的积极性和热情也不行，因为个别员工、个别工作环节上的马虎和失误，会使企业的安全生产业绩毁于一旦。这就是安全管理工作的难度所在。必须眼睛盯在班组，功夫下在施工现场，措施落实在岗位和具体操作员工的每一个作业细节。因此，可以说班组是企

业事故发生的根源，这种根源是通过班组员工的安全素质、岗位安全作业程序和现场的安全状态表现出来的。

由于事故具有的偶然性和突发性，习惯性违章作业不一定都造成事故，即使造成事故也不一定是重伤和死亡，而且违章行为有时会给违章者带来某些“利益”，如省时省力、提高生产效率等。违章者在主观上并不认为自己的行为是违章，相反却认为自己的行为是正确的。因此，各级安全管理人员只有不懈地努力纠正违章，对每一次违章都“小题大做”，才能做到未雨绸缪。为此，首先要以落实班组的安全措施为重点，避免形式主义和做表面文章，防止一级应付一级和走过场，必须集中精力和资源对那些危害大、涉及面广的违章行为进行整治。企业的管理者要深入生产、施工一线，运用看、听、查、找、帮的手段，采取普遍查与重点查，反复查与跟踪查，突出查与持久查相结合的方式以及采用违章报警、视频监测、行为记录仪等技术措施，全面掌握班组现场安全生产的现状，对安全生产工作做到心中有数。通过上述各种管理措施，避免违章现象，消除人为事故。

3. 班组是安全生产之本

生产班组是执行安全规程和各项规章制度的主体，是贯彻和实施各项安全要求和措施的实体，更是杜绝违章操作和杜绝重大人身伤亡事故的本体。因此，生产班组是安全生产的前沿阵地，班组长和班组成员是阵地上的组织员和战斗员。企业的各项工作都要通过班组去落实，“上有千条线，班组一针穿”。国家安全法规和政策的落实，安全生产方针的落实，安全规章制度和安全操作程序的执行，都要依靠和通过班组来实现。特别是作为现代企业，职业安全健康管理体系的运行，以及安全科学管理方法的普及应用，都必须落实在班组。反之，班组的安全生产措施落实不到位、规章和制度得不到执行，将会成为事故发生的土壤和温床。

企业安全生产工作涉及多因素、多层次，但是，班组是企业安全生产管理的落脚点。各级企业领导，特别是基层领导要重视班组安全建设，加大管理力度，投入安全情感，通过管理与监督配合、约束与激励结合的综合对策，增强班组安全生产的保障水平，从根本上提高事故预防的标准和能力。

在企业的生产经营过程中，安全与生产发生矛盾和冲突是客观的，能否处理好安全与生产的关系，关键在班组。安全生产工作标准的高低、质量的好坏，最终取决于班组；事故预防和事故应急的有效性，体现在班组。尤其是当班组生产任务较重，安全与效率、安全与速度、安全与成本发生矛盾时，如果班组长和员工“安全第一”的思想不牢固，安全意识不强，必然会出现“生产成为硬指标，安全变成软指标”的现象，进而出现“三违”的现象，从而加大了事故发生的可能性，增大了生产事故发生的风险。

安全科学理论揭示出，生产单元（班组）是安全系统的基本细胞，只有细胞健康，肌体才能健康。生产过程中无数次事故教训表明，事故发生的主因是现场、是班组。因此说，搞好安全生产，关键在于班组，班组是安全生产之本。

4. 班组是安全生产的最基本单元

安全科学的“人本原理”表明，安全生产必须把人的因素放在首位，体现“以人为本，生命为本”。这一原理的基本含义是：做好安全生产工作，有效预防和避免事故与职业病的发生，充分保护人的生命安全与健康，这既是安全生产的目的，也是安全生产的手段。因此，安全生产首先需要“一切依靠人”，同时，也更是“一切为了人”。

生产经营单位的安全生产活动是以人的生命安全健康为目的的。员工既是安全生产的主体——保护者，又是安全生产的客体——被保护者。班组处在最基本的层次上，因此，作为安全生产的主体，班组要带领员工去实现生产过程的安全；同时，作为安全生产的客体，安全生产的目的是保护班组每一个员工的生命安全与健康。因此，安全生产的目的和意义都是为了人，企业的目标是为了谋求最大的效益，但如果没有人的生命安全保障，效益和价值就失去了意义。因此，班组实现安全生产最终归宿是员工生命安全，实现员工和生产的价值。班组安全决定企业安全生产的命运，班组生产过程和作业过程的安全是一切安全生产工作的归宿。安全生产对于班组长和班组成员个人来讲，既是人生平安、家庭幸福的要求，也是保证经济收入和生活质量的重要前提。

二、班组长对企业安全生产的作用

班组是企业的基层组织，是加强企业管理，搞好安全生产的基础。班组安全管理水平的好坏直接影响到企业的安全管理水平。班组长作为基层管理者，对于保障企业安全生产，具有举足轻重的作用。

（1）班组长作为“兵头将尾”，基层组织的领头人，在企业班组生产指挥中处于核心地位。

（2）班组长是企业生产和管理的各种要素相互联系贯通的“枢纽”，在企业中起到承上启下的作用，负有落实上级指令的责任，是基层班组的指挥者和班组工作建设的组织者。

（3）班组长在班组队伍中发挥“模范带头”作用，为班组成员树立榜样，有效带动班组安全顺利完成生产任务。

三、班组长的安全素质要求

一名合格的班组长应具备如下素质：

（1）思想政治素质。具有较强的事业心和责任感，是当好班组长的首要条件。安全生产工作是人命关天的大事，而安全管理工作又是一项非常实际的工作，来不得半点马虎和虚假。因此，班组长要有高度的责任心和认真负责的工作态度，时时、事事、处处想到员工的安全和健康。

（2）专业技术素质。具有较强的专业技能，熟悉有关的安全法规和制度规程，是当好班组长的重要依据。俗话说："打铁先得自身硬"，这就要求班组长具有过硬的专业技能，应熟悉生产工艺，有丰富的生产实践经验，熟练掌握所从事的岗位范围内的技术。另外，班组长应熟悉有关的安全法规，懂得劳动保护和安全技术知识，具备辨别危险、控制事故的能力。

（3）组织管理素质。具有一定的组织和管理能力，带领和团结员工安全生产，是当好班组长的基本要求。班组长应掌握先进科学的管理方法，并具备一定的组织能力，保障班组安全生产顺利进行，提高班组整体管理水平和业务技能。

（4）文化素质。具有一定的文化程度和安全科学文化水平，是当好班组长的文化基础。科学文化知识是掌握一切知识和提高业务能力的基础。安全生产是一门综合性科学，需要多方面的知识。有了一定的科学文化知识，才能适应现代安全管理的需要。

（5）心理、身体素质。能团结员工，身体状态良好，是当好班组长的必要条件。班组长是在班组中充当"员工的知心人"的角色，因此要善于与员工交流沟通，能够了解员工的心理，调动员工的工作积极性。当然，班组长具有良好的身体素质，带头完成安全生产任务，是做好班组长本职工作的前提和保障。

第三章　安全生产法规与标准

第一节　我国主要安全生产法规基本内容

一、《中华人民共和国安全生产法》

《中华人民共和国安全生产法》（以下简称《安全生产法》）是我国安全生产领域的一部综合性、基础性的大法，共有 7 章 97 条，具有丰富的内涵。其认识上的意义和作用如下。

1. 三个基本性质

安全生产事关人民群众生命财产安全、国民经济持续快速健康发展和社会稳定大局，这句话清楚地表明了《安全生产法》的三个基本性质：一是关系人权（人民生命财产）性质的问题，二是关系社会经济可持续发展战略性质的问题，三是关系社会稳定的政治问题。

2. 四个标志

《安全生产法》的立法成功，既标志着我国改革获得的安全生产法治建设的成果，又是社会进步和历史发展的必然产物；既标志着广大人民群众的呼声和企盼得以实现，又体现了党和政府的关怀；既标志着我国安全生产工作者长期总结事故预防和经验教训的结果，又是借鉴国外科学预防事故做法的体现；既标志着我国社会主义市场经济条件下依法监管安全生产的进步，又是面对国际新经济的现代安全管理的需要。

3. 八个有利于

《安全生产法》的颁布和实施，有利于加强我国安全生产法律、法规建设，有利于改变我国人权状况，有利于依法规范生产经营单位安全生产，有利于各级政府加强安全生产领导，有利于安全监管部门依法行政、加强监管，有利于提高经营管理者和从业人员安全素质，有利于增强公民安全法律意识，有利于制裁各种安全违法行为。

4. 七项基本法律制度

《安全生产法》确定了我国安全生产的七项基本法律制度，即安全生产监督管理制度，生产经营单位安全保障制度，从业人员安全生产权利义务制度，生产经营单位负责人安全责任制度，安全中介服务制度，安全生产责任追究制度，事故应急救援和处理制度。

5. 员工的安全生产权利

《安全生产法》明确的从业人员的八项权利是：知情权，即有权了解其作业场所和工作岗位存在的危险因素、防范措施和事故应急措施；建议权，即有权对本单位的安全生产工作提出建议；批评权、检举权、控告权，即有权对本单位安全生产管理工作中存在的问题提出批评、检举、控告；拒绝权，即有权拒绝违章指挥和强令冒险作业；紧急避险权，即发现直接危及人身安全的紧急情况时，有权停止作业或者在采取可能的应急措施后撤离作业场所；依法向本单位提出要求赔偿的权利；获得符合国家标准或者行业标准劳动防护用品的权利；获得安全生产教育和培训的权利。

6. 员工的安全生产义务

《安全生产法》明确的从业人员的三项义务是：自律遵规的义务，即从业人员在作业过程中，应当遵守本单位的安全生产规章制度和操作规程，服从管理，正确佩戴和使用劳动防护用品；自觉学习安全生产知识的义务，要掌握本职工作所需的安全生产知识，提高安全生产技能，增强事故预防和应急处理能力；危险报告的义务，即发现事故隐患或者其他不安全因素时，应当立即向现场安全生产管理人员或者本单位负责人报告。

7. 四种监督方式

《安全生产法》以法定的方式，明确规定了我国安全生产的多种监督方式：第一是工会民主监督，即工会有权对建设项目的安全设施与主体工程的同时设计、同时施工、同时投入生产和使用进行监督，提出意见；第二是社会舆论监督，即新闻、出版、广播、电视等单位有权对违反安全生产法律、法规的行为进行舆论监督；第三是公众举报监督，即任何单位或者个人对事故隐患或者安全生产违法行为，均有权向负有安全生产监督管理职责的部门报告或者举报；第四是社区报告监督，即居民委员会、村民委员会发现其所在区域内的生产经营单位存在事故隐患或者安全生产违法行为时，有权向当地人民政府或者有关部门报告。

8. 监管人员的四项职权

《安全生产法》规定了安全监管部门的四项职权。第一是现场调查取证权，即安全生产监督检查员可以进入生产经营单位进行现场调查，有权向被检查单位调阅资料，向有关人员（负责人、管理人员、技术人员）了解情况。第二是现场违法行为纠正处罚权，即对检查中发现的安全生产违法行为，当场予以纠正或者要求限期改正；对依法应当给予行政处罚的行为，依照法规作出行政处罚决定。第三是现场隐患、危急情况处置权，即对检查中发现的事故隐患，应当责令立即排除；重大事故隐患排除前或者排除过程中无法保证安全的，应当责令从危险区域内撤出作业人员，责令暂时停产停业或者停止使用；重大事故隐患排除后，经审查同意，方可恢复生产经营和使用。第四是查封、扣押行政强制措施权，其对象是安全设施、设备、器材、仪表等；依据是不符合国家或行业安全标准；条件是必须按程序办事、有足够证据、经部门负责人批准、通知被查单位负责人到场、登记记录等，并必须在15日内作出决定。

9. 监管人员的五项义务

《安全生产法》除规定了安全监管部门和监督检查人员的权利外，还明确了对其要求和应尽的义务：一是审查、验收禁止收取费用；二是禁止要求被审查、验收的单位购买指定产品；三是必须遵循忠于职守、坚持原则、秉公执法的执法原则；四是监督检查时须出示有效的监督执法证件；五是对检查单位的技术秘密、业务秘密尽到保密义务。

10. 生产经营单位安全生产保障义务

《安全生产法》规定了生产经营单位应具备的安全生产条件，即遵守有关安全生产的法律、法规，加强安全生产管理，建立、健全安全生产责任制度，完善安全生产条件，确保安全生产。

《安全生产法》规定了生产经营单位主要负责人在安全生产工作方面的职责，即建立、健全本单位安全生产责任制，组织实施本单位安全生产规章制度和操作规程，保证本单位安全生产投入的有效实施，督促、检查本单位的安全生产工作，及时消除生产安全事故隐患，组织制定并实施本单位的生产安全事故应急救援预案，及时、如实报告生产安全事故。

《安全生产法》规定了安全生产管理机构的设置要求，即矿山、建筑施工单位和危险物品的生产、经营、储存单位，应当设置安全生产管理机构或者配备专职安全生产管理人员；对于危险性小的其他生产经营单位，是否设立安全生产管理机构以及配备专职安全生产管理人员，则要根据其从业人员的规模来确定。

二、《中华人民共和国劳动法》

《中华人民共和国劳动法》（以下简称《劳动法》）于1994年7月5日第八届全国人民代表大会常务委员会第八次会议通过，自1995年1月1日起施行。其主要内容有：第一章总则，第二章促进就业，第三章劳动合同和集体合同，第四章工作时间和休息休假，第五章工资，第六章劳动安全卫生，第七章女职工和未成年工特殊保护，第八章职业培训，第九章社会保险和福利，第十章劳动争议，第十一章监督检查，第十二章法律责任，第十三章附则。

1. 关于劳动安全卫生方面的规定

（1）用人单位在职业安全卫生方面的职责。《劳动法》第五十二条规定："用人单位必须建立、健全劳动安全卫生制度，严格执行国家劳动安全卫生规程和标准，对劳动者进行劳动安全卫生教育，防止劳动过程中的事故，减少职业危害"。第五十四条规定："用人单位必须为劳动者提供符合国家规定的劳动安全卫生条件和必要的劳动防护用品，对从事有职业危害作业的劳动者应当定期进行健康检查"。

（2）劳动者在职业安全卫生方面的权利和义务。《劳动法》第五十五条规定："从事特种作业的劳动者必须经过专门培训并取得特种作业资格"。第五十六条规定："劳动者在劳动过程中必须严格遵守安全操作规程。劳动者对用人单位管理人员违章指挥、强令冒险作业，有权拒绝执行；对危害生命安全和身体健康的行为，有权提出批评、检举和控告"。

（3）伤亡事故的报告和处理。《劳动法》第五十七条规定："国家建立伤亡事故和职业病统计报告和处理制度。县级以上各级人民政府劳动行政部门、有关部门和用人单位应当依法对劳动者在劳动过程中发生的伤亡事故和劳动者的职业病状况，进行统计、报告和处理"。

2. 关于工作时间和休息休假的规定

《劳动法》第四章为"工作时间和休息休假"方面的条款，主要内容有："国家实行劳动者每日工作时间不超过八小时、平均每周工作时间不超过四十四小时的工时制度"；"用人单位应当保证劳动者每周至少休息一日"；"用人单位由于生产经营需要，经与工会和劳动者协商后可以延长工作时间，一般每日不得超过一小时；因特殊原因需要延长工作时间的，在保障劳动者身体健康的条件下延长工作时间每日不得超过三小时，但是每月不得超过三十六小时”；“用人单位不得违反本法规定延长劳动者的工作时间”。

三、《中华人民共和国消防法》

《中华人民共和国消防法》（以下简称《消防法》）于1998年4月29日第九届全国人民代表大会常务委员会第二次会议通过，2008年10月28日第十一届全国人民代表大会常务委员会第五次会议修订，自2009年5月1日起施行。其主要内容有：第一章总则；第二章火灾预防；第三章消防组织；第四章灭火救援；第五章监督检查；第六章法律责任；第七章附则。

1. 关于火灾预防的规定

《消防法》规定：“机关、团体、企业、事业等单位应当履行下列消防安全职责：（一）落实消防安全责任制，制定本单位的消防安全制度、消防安全操作规程，制定灭火和应急疏散预案；（二）按照国家标准、行业标准配置消防设施、器材，设置消防安全标志，并定期组织检验、维修，确保完好有效；（三）对建筑消防设施每年至少进行一次全面检测，确保完好有效，检测记录应当完整准确，存档备查；（四）保障疏散通道、安全出口、消防车通道畅通，保证防火防烟分区、防火间距符合消防技术标准；（五）组织防火检查，及时消除火灾隐患；（六）组织进行有针对性的消防演练；（七）法律、法规规定的其他消防安全职责。单位的主要负责人是本单位的消防安全责任人。”

“消防安全重点单位除应当履行本法第十六条规定的职责外，还应当履行下列消防安全职责：（一）确定消防安全管理人，组织实施本单位的消防安全管理工作；（二）建立消防档案，确定消防安全重点部位，设置防火标志，实行严格管理；（三）实行每日防火巡查，并建立巡查记录；（四）对职工进行岗前消防安全培训，定期组织消防安全培训和消防演练。”

2. 关于灭火救援的规定

《消防法》规定："任何人发现火灾都应当立即报警。任何单位、个人都应当无偿为报警提供便利，不得阻拦报警。严禁谎报火警。人员密集场所发生火灾，该场所的现场工作人员应当立即组织、引导在场人员疏散。任何单位发生火灾，必须立即组织力量扑救。邻近单位应当给予支援。消防队接到火警，必须立即赶赴火灾现场，救助遇险人员，排除险情，扑灭火灾。"

"对因参加扑救火灾或者应急救援受伤、致残或者死亡的人员，按照国家有关规定给予医疗、抚恤。"

四、《中华人民共和国职业病防治法》

《中华人民共和国职业病防治法》（以下简称《职业病防治法》）于2001年10月27日第九届全国人民代表大会常务委员会第二十四次会议通过，根据2011年12月31日第十一届全国人民代表大会常务委员会第二十四次会议《关于修改〈中华人民共和国职业病防治法〉的决定》修正，全法7章90条，自2011年12月31日起施行。

1. 职业病防治工作的基本方针和基本管理原则

职业病防治工作的基本方针是"预防为主、防治结合"，从致病源头抓起，做好前期预防。职业病防治管理的基本原则是"分类管理、综合治理"，针对造成职业病的危害因素不同及危害程度不同，对职业病防治的管理需要分类进行。

2. 职业病的前期预防

为了避免不符合职业卫生要求的项目盲目上马，再走先危害后治理的老路，《职业病防治法》规定从根本上控制或者消除职业危害，即从可能产生职业危害的新建、改建、扩建项目和技术改造、技术引进项目的"源头"进行管理，实施预评价制度。

3. 劳动过程中的防护与管理

《职业病防治法》规定："对可能发生急性职业损伤的有毒、

有害工作场所，用人单位应当设置报警装置，配置现场急救用品、冲洗设备、应急撤离通道和必要的泄险区。对放射工作场所和放射性同位素的运输、贮存，用人单位必须配置防护设备和报警装置，保证接触放射线的工作人员佩戴个人剂量计。对职业病防护设备、应急救援设施和个人使用的职业病防护用品，用人单位应当进行经常性的维护、检修，定期检测其性能和效果，确保其处于正常状态，不得擅自拆除或者停止使用。"；"用人单位应当按照国务院安全生产监督管理部门的规定，定期对工作场所进行职业病危害因素检测、评价。检测、评价结果存入用人单位职业卫生档案，定期向所在地安全生产监督管理部门报告并向劳动者公布。"；"发现工作场所职业病危害因素不符合国家职业卫生标准和卫生要求时，用人单位应当立即采取相应治理措施，仍然达不到国家职业卫生标准和卫生要求的，必须停止存在职业病危害因素的作业；职业病危害因素经治理后，符合国家职业卫生标准和卫生要求的，方可重新作业。"

《职业病防治法》规定："产生职业病危害的用人单位，应当在醒目位置设置公告栏，公布有关职业病防治的规章制度、操作规程、职业病危害事故应急救援措施和工作场所职业病危害因素检测结果。对产生严重职业病危害的作业岗位，应当在其醒目位置，设置警示标识和中文警示说明。警示说明应当载明产生职业病危害的种类、后果、预防以及应急救治措施等内容。"

为保证劳动者明确地了解工作中存在的职业危害，《职业病防治法》规定："用人单位与劳动者订立劳动合同（含聘用合同）时，应当将工作过程中可能产生的职业病危害及其后果、职业病防护措施和待遇等如实告知劳动者，并在劳动合同中写明，不得隐瞒或者欺骗。劳动者在已订立劳动合同期间因工作岗位或者工作内容变更，从事与所订立劳动合同中未告知的存在职业病危害的作业时，用人单位应当依照前款规定，向劳动者履行如实告知的义务，并协商变更原劳动合同相关条款。用人单位违反前两款规定的，劳动者有权拒绝从事存在职业病危害的作业，用人单位不得因此解除与劳动者所订立的劳动合同。”

4. 职业病的诊断管理

《职业病防治法》规定：“医疗卫生机构承担职业病诊断，应当经省、自治区、直辖市人民政府卫生行政部门批准。省、自治区、直辖市人民政府卫生行政部门应当向社会公布本行政区域内承担职业病诊断的医疗卫生机构的名单。”；“劳动者可以在用人单位所在地、本人户籍所在地或者经常居住地依法承担职业病诊断的医疗卫生机构进行职业病诊断。”；“承担职业病诊断的医疗卫生机构在进行职业病诊断时，应当组织三名以上取得职业病诊断资格的执业医师集体诊断。职业病诊断证明书应当由参与诊断的医师共同签署，并经承担职业病诊断的医疗卫生机构审核盖章。”

5. 对职业病病人的治疗与社会保障

《职业病防治法》规定：“用人单位应当及时安排对疑似职业病病人进行诊断；在疑似职业病病人诊断或者医学观察期间，不得解除或者终止与其订立的劳动合同。疑似职业病病人在诊断、医学观察期间的费用，由用人单位承担。”；“用人单位应当按照国家有关规定，安排职业病病人进行治疗、康复和定期检查。用人单位对不适宜继续从事原工作的职业病病人，应当调离原岗位，并妥善安置。用人单位对从事接触职业病危害的作业的劳动者，应当给予适当岗位津贴。”；“职业病病人的诊疗、康复费用，伤残以及丧失劳动能力的职业病病人的社会保障，按照国家有关工伤保险的规定执行。”；“职业病病人变动工作单位，其依法享有的待遇不变。”

6. 员工的职业健康权利和义务

《职业病防治法》规定：“用人单位应当及时安排对疑似职业病病人进行诊断；在疑似职业病病人诊断或者医学观察期间，不得解除或者终止与其订立的劳动合同。疑似职业病病人在诊断、医学观察期间的费用，由用人单位承担。”；“用人单位应当按照国家有关规定，安排职业病病人进行治疗、康复和定期检查。用人单位对不适宜继续从事原工作的职业病病人，应当调离原岗位，并妥善安置。用人单位对从事接触职业病危害的作业的劳动者，应当给予适当岗位津贴。”；“职业病病人的诊疗、康复费用，伤残以及丧失劳动能力的职业病病人的社会保障，按照国家有关工伤保险的规定执行。”；“职业病病人变动工作单位，其依法享有的待遇不变。”

7. 用人单位职业病防治义务

《职业病防治法》于2002年5月1日正式实施，其中为防治职业病的发生，规定了用人单位的10项基础义务：配备防护设施、治理职业危害（三同时），作业场所风险评价与管理，劳动者健康监护（上岗前、在岗中、离岗时），危险及危害告知（合同、作用场所、培训教育），建立危害监测和劳动者健康档案，事故及职业病报告义务，对工伤人员及职业病人的救治、安置，依法参加工伤保险，落实职业危害治理和安全措施经费，未成年工、女工保护。

（1）用人单位应当为劳动者创造符合国家职业卫生标准和卫生要求的工作环境和条件，并采取措施保障劳动者获得职业卫生保护。

（2）《职业病防治法》第五条规定：用人单位应当建立、健全职业病防治责任制，加强对职业病防治的管理，提高职业病防治水平，对本单位产生的职业病危害承担责任。

（3）《职业病防治法》第七条规定：用人单位必须依法参加工伤保险。

五、《中华人民共和国矿山安全法》

《中华人民共和国矿山安全法》（以下简称《矿山安全法》）于1992年第七届全国人大常委会第二十八次会议通过，自1993

年5月1日起施行，相关的《矿山安全法实施条例》于1996年10月30日由原劳动部发布施行。

《矿山安全法》共8章50条，是保障矿山生产安全、防止矿山事故、保护矿山职工人身安全、促进采矿业的发展的重要专业安全生产法律。

六、《工伤保险条例》

《工伤保险条例》于2003年4月27日中华人民共和国国务院令第375号公布，根据2010年12月20日《国务院关于修改〈工伤保险条例〉的决定》修订，现予公布，自2011年1月1日起施行。条例共8章67条，对工伤保险基金、工伤认定、劳动能力鉴定、工伤保险待遇、工伤保险监督管理及法律责任等方面的问题作了具体规定。

七、《危险化学品安全管理条例》

《危险化学品安全管理条例》于2002年1月26日中华人民共和国国务院令第344号公布，2011年2月16日国务院第144次常务会议修订通过，自2011年12月1日起施行。

《危险化学品安全管理条例》的基本宗旨目的是加强危险化学品的安全管理，预防和减少危险化学品事故，保障人民群众生命财产安全，保护环境。

《危险化学品安全管理条例》的适用范围是危险化学品生产、储存、使用、经营和运输的安全管理；而废弃危险化学品的处置，依照有关环境保护的法律、行政法规和国家有关规定执行。

危险化学品是指具有毒害、腐蚀、爆炸、燃烧、助燃等性质，对人体、设施、环境具有危害的剧毒化学品和其他化学品。危险化学品目录，由国务院安全生产监督管理部门会同国务院工业和信息化、公安、环境保护、卫生、质量监督检验检疫、交通运输、铁路、民用航空、农业主管部门，根据化学品危险特性的鉴别和分类标准确定、公布，并适时调整。

八、《特种设备安全监察条例》

《特种设备安全监察条例》于2003年3月11日中华人民共和国国务院令第373号公布，根据2009年1月24日《国务院关于修改〈特种设备安全监察条例〉的决定》修订，自2009年5月1日起施行。条例共8章103条，对特种设备的生产、特种设备的使用、特种设备的检验检测、特种设备的监督检查、特种设备的事故预防和调查处理及法律责任等方面的问题作了具体的规定。

九、《建设工程安全生产管理条例》

《建设工程安全生产管理条例》于2003年11月12日国务院第二十八次常务会议通过，由国务院令第393号公布，自2004年2月2日起施行。条例共8章71条，对建设单位的安全责任，勘察、设计、工程管理及其他有关单位的安全责任，施工单位的安全责任，生产安全事故的应急救援和调查处理等方面的作了具体的规定。

第二节 我国主要安全生产标准

一、安全生产标准的分类

安全生产标准是我国安全生产法规体系中的一个重要组成部分，是安全生产法规的延伸与具体化，也是安全生产管理的基础和重要依据。

1. 按标准的法律效力分类

（1）强制性标准。是指用法律强制执行的标准，制定此类标准主要是为了改善劳动条件，加强劳动保护，减轻职业危害，防止各类事故的发生，保护员工的安全与健康，强化职业安全卫生监督管理。

（2）推荐性标准。从国家和企业的生产水平、经济条件、技术能力和人员素质等方面考虑，如果在全国、全行业强制性执行，会有一定困难，因此将此类标准作为推荐性标准执行。如职业安全健康管理体系（OHSMS）标准就是一种推荐性标准。

2. 按标准对象特性分类

（1）基础标准。此类标准的通用性很强，对职业安全卫生具有最基本、最广泛的指导意义，如《安全标志》、《安全色》、《职业安全健康标准编写规定》等。

（2）产品标准。此类标准对职业安全卫生产品必须达到的形式、尺寸、主要性能参数、质量指标、使用维修要求等作了具体规定，如《防护鞋通用技术条件》、《固定式防护栏杆》、《电梯技术条件》等。

（3）方法标准。它包含一切属于方法、程序、规程性质的标准。其中，内容是对设计、制造、施工、检验等技术事项作出统一规定的标准，一般称作“规范”，如《工业企业噪声控制设计规范》、《工业企业总平面设计规范》等；内容是对工艺、操作、安装等具体技术要求和实施程序作出统一规定的标准，一般称作“规程”，如《起重机安全规程》、《缺氧危险作业安全规程》等。

3. 标准体系

主要由国家标准、行业标准和地方标准三级构成。

（1）国家标准。是在全国范围内统一制定的技术要求，是我国标准体系的主体。强制性国家标准的代号为“GB”，推荐性国家标准的代号为“GB/T”，职业安全卫生标准基本上是强制性标准。

（2）行业标准。是在没有国家标准而又需要在全国范围内统一制定的标准，是国家标准的补充。

(3) 地方标准。对没有国家标准和行业标准，而又需要在省、自治区、直辖市范围内统一的标准，可以制定为地方标准。在公布国家标准或者行业标准后，该项地方标准即行废止。

二、安全生产标准颁布状况

目前，我国职业安全卫生标准大致包括如下 8 类：

(1) 基础综合类标准。作为其他职业安全卫生标准的基础，具有广泛的指导意义，如《职业安全健康术语》、《生产过程安全卫生总责》、《生产设备安全卫生设计总则》、《常用危险化学品的分类及标志》等。

(2) 管理类标准。可作为安全卫生管理规范，如一系列的作业场所危害分级标准，包括《有毒作业分级》、《职业性粉尘作业危害程度分级》、《企业职工伤亡事故分类》等。

(3) 特种设备及产品安全标准。

(4) 特种作业安全标准。如《冷冲压安全规程》、《爆破安全规程》、《烟花爆竹劳动安全技术规程》等。

(5) 职业卫生标准。如《工业企业设计卫生标准》、《工作场所有害因素职业接触限值》等。

(6) 安全设备、工具类标准。如《作业环境气体检测报警仪通用技术条件》、《气体检测管装置》、《袋式除尘器用滤料及滤袋的技术条件》等。

(7) 方法标准。如《空气中可燃气体爆炸极限测定方法》、《气瓶水压试验方法》、《纺织品静电测试方法》等。

(8) 个人防护用品标准。如《个人防护用品术语》、《劳动防护用品选用规则》、《安全帽》、《防噪声耳塞》、《防静电鞋》等。

第四章　班组安全管理常识

第一节　班组安全管理基础

一、安全管理的意义和特点

安全管理就是以安全为目的，进行有效决策、计划、组织和控制方面的活动。安全管理的目的是通过管理的手段，实现控制事故、消除隐患、减少损失的目的，使整个企业达到最佳的安全水平为职工创造一个安全舒适的工作环境。

班组是企业的细胞，是搞好安全生产的基础，是开展安全工作的主体。一线的班组是企业生产组织机构的基本单位，是进行生产和日常管理活动的主要场所，也是企业完成安全生产各项目标的主要承担者和直接实现者。企业的设备、工具和原材料等，都要由班组掌握和使用；企业的生产、技术、经营管理和各项规章制度的贯彻落实，也要通过班组的活动来实现。因此说，班组是企业安全文明生产的重要阵地，是企业取得安全、优质、高效生产的关键所在，企业安全管理的各项工作必须紧密围绕生产一线班组开展才有实效。从企业的整体来看，一个班组的范围虽小，但是他们的综合影响很大。生产中一个班组发生事故，就会使生产脱节，影响局部甚至整个企业的正常生产秩序，造成严重的后果。因此，从安全角度来说，班组是控制事故的前沿阵地，是企业安全管理的基本环节，加强班组安全建设是企业加强安全生产管理的关键，也是减少伤亡事故和各类灾害事故最切实、最有效的办法。

二、安全管理的原则

1. 法治原则

所有安全管理的措施、规章、制度必须符合国家的有关法律、法规。在履行这一原则时，常常采用一票否决制，即对重大的违章事故，严格执法，违规必究，不做妥协和让步，这样才能实现对安全的严格管理与控制。

2. 预防原则

预防原则是安全管理的重要原则。事故发生的主要原因是人的不安全行为和物的不安全状态，而这些原因又是由小变大，由影响事故的间接原因变成导致事故发生的直接原因。这一演变的过程，为安全预防管理提供了可能。通过管理，消除引发事故的因素，杜绝隐患，将事故消除在萌芽状态。

3. 监督原则

安全管理的重要手段是监督、检查日常的安全工作事项。实践证明，生产过程中大量发生的是轻微伤害或者无伤害事故，而导致这些事故的原因往往不被重视或习以为常。事实上，轻微伤害和无伤害事故的背后，隐藏着与造成严重事故相同的原因。因此，日常检查显得非常重要，不能流于形式，要细致、警觉，甚至对一些不起眼，尤其是容易忽视的事故隐患"吹毛求疵"。只有这样，才能及时发现和消除隐患，避免大事故的发生。

4. 教育原则

安全管理不仅仅是安全管理部门的责任，而是一种群策群力的工作，要求每一位员工都应有良好的安全意识、预防意识、危机意识，这样才有利于从根本上消除和降低人的不安全行为和物的不安全状态。因此，必须通过安全知识的教育、安全技能的培训、安全政策的宣传、安全信息的传播等各种手段，充分引起人们对安全问题的重视，明确安全生产操作规程，掌握安全生产方法。

5. 全面原则

安全管理涉及生产活动的各个方面，涉及生产工艺过程中的各个环节，涉及全部的生产时间，涉及一切变化着的生产因素。安全生产无小事、无盲区、无死角，因此，必须坚持全员、全过程、全方位、全天候的动态安全管理。

三、班组安全管理的基本内容

班组安全生产管理要依据安全生产方针直接为搞好安全生产创造条件，要根据班组的实际情况，提出相应的安全生产管理措施，要定期总结班组安全生产管理的经验教训。具体说来，包括以下 3 方面的内容。

1. 安全生产管理

班组安全生产管理是指通过改善劳动条件，在防止伤亡事故和职业病等方面采取一系列措施，以保护劳动者在生产过程中的安全与健康的组织管理工作的总称。其主要内容有：

（1）建立、健全相应的安全生产管理机构和安全生产责任制。

（2）制定和贯彻安全操作规程。

（3）编制并组织实施安全技术措施计划。

（4）进行安全生产教育。

（5）组织安全生产检查。

（6）做好伤亡事故的处理报告工作。

（7）做好发放防护用品和保健食品的管理工作。

（8）做好防尘、防毒、防暑降温、防冻保暖等劳动保护工作。

（9）保证劳动者的适当休息，限制加班加点，实行劳逸结合。

（10）对女工实行特殊劳动保护。

2. 安全技术

班组的安全技术工作是为了防止和消除生产过程中的各种不安全因素可能引起的伤亡事故，保障员工的人身安全所采取的技术措施，它是安全生产工作的基本组成部分。其主要内容有：

（1）贯彻执行国家颁布的各项安全技术规程。

（2）在各种设备和设施上安装安全装置。

（3）对设备和设施进行安全检查、维护和检修。

（4）对员工进行安全技术教育。

（5）新建、扩建、改建企业必须贯彻“三同时”的原则等。

3. 职业健康

职业健康是指对生产过程中产生的有害员工身体健康的各种因素所采取的一系列治理措施和卫生保健工作。其主要内容有：

（1）对生产中的高温、粉尘、噪声、振动、有害气体和物质等在技术上采取措施加以治理。

（2）改善通风、照明、防暑降温、防寒防冻等设施。

（3）搞好环境卫生和绿化工作。

（4）定期对员工进行健康检查和职业病防治观察。

（5）对员工及其家属进行卫生防疫、医疗预防、妇幼保健等。

第二节　班组安全管理制度

一、安全生产责任制

1. 班组长安全职责

（1）贯彻“安全第一、预防为主”的方针，坚持“管生产必须管安全”的原则，组织好安全生产。作为班组长应积极开展多种形式的安全生产宣传，组织员工学习国家和上级有关的安全生产法规、指示和决定；宣传员工中涌现的遵章守纪、安全生产搞得好的先进人物；抵制各种违反安全生产的言论和行为；针对组内的各种思想状况，及时做好思想工作，使全组树立起“安全第一”的思想，认真落实班组安全生产责任制，对上级部门布置的工作，若不符合有关安全法规，则应按正常途径向有关部门汇报，加以抵制，确保安全生产方针不是停留在口头上，而是落实在具体行动上，最终达到安全生产的目的。

（2）组织员工学习安全操作技术，提高本人和全组成员的自我保护能力。要搞好安全生产，员工的自身保护能力如何是一个很重要的问题，这个问题主要涉及两个方面：一是安全意识的强弱，二是本身的安全操作技术水平。

作为班组长来说，除本身应刻苦钻研安全操作技术外，还应组织员工学习，钻研安全操作技术。因为随着生产的现代化程度越来越高，对生产者的操作技术要求也越来越高，对安全工作也会提出更高更新的要求。

安全操作技术是生产操作技能与各类安全操作规范、规程、制度的结合。班组长既要组织员工学习各种生产操作技能，更要组织他们学习各类安全操作规范、规程、制度。随着生产技术的不断发展，设备、生产工艺和技术等亦会不断变化，因此，还需要及时制定、修改各类规章制度，以使其与生产的发展相适应。

（3）认真落实班组安全生产责任制。班组安全生产责任制是长期安全生产工作经验和教训的结晶，是生产正常进行和员工安全健康的可靠保证。班组长要按安全生产责任制严格要求自己，起到表率作用。同时还要将负责班组安全生产责任制的制定和完善，督促员工执行安全生产责任制，检查班组执行安全生产责任制的情况作为自己的一项经常性工作，使班组做到事事有人负责，人人遵章守纪。

（4）加强基础工作，积极推行标准化作业。班组长应明确认识，紧密配合有关部门，参加标准化作业的制定和试行工作。要推行标准化作业，必须首先改变以往的作业习惯，要学标准作业，要练标准作业。推行标准化作业活动必须严字当头，严格考核。实行按岗位定职责，按职责定标准，按标准进行考核。按考核结果计分，按分数计奖。班组长应积极配合有关部门做好考核工作。

(5) 认真交接班，开好班前班后会。一个班组的安全管理工作搞得好坏，班前班后会开得成功与否往往是一个标志。根据安全生产“五同时”的要求，班组长在计划、布置、检查、总结、评比生产的同时，必须计划、布置、检查、总结、评比安全。要达到这一要求，班组长首先要对每天的安全生产情况做到心中有数，这就要做到交班认真接班严。

(6) 对新员工或调动岗位的员工进行安全教育。新员工或调岗员工，由于对新工作环境、设备、生产工艺、安全操作技术等不熟悉，较易发生工伤事故，因此对他们进行安全教育十分重要，不能掉以轻心。

(7) 认真执行有关安全生产的各项规定。要模范遵守安全操作规程，对本班组员工在生产中的安全和健康负责。

(8) 根据生产任务、生产环境和员工思想状况等特点，具体布置安全工作。对新调入的员工进行现场安全生产培训，并在其熟悉工作环境之前指定专人负责其劳动安全。

(9) 组织本班组员工学习安全生产规程，检查执行情况。教育员工在任何情况下不违章蛮干，发现违章蛮干立即制止。

(10) 认真执行交接班制度。班中要经常检查不安全因素，发现问题及时解决。对不能根本解决的问题，要采取临时控制措施，并及时上报。

(11) 发生生产安全事故，要详细记录。组织全班组员工认真分析，吸取教训，提出防范措施。发生死亡、重伤事故，要保护现场，立即上报。

(12) 对安全工作中的好人好事及时表扬。要把安全生产工作纳入经济承包内容一并考核。

2. 员工安全职责

（1）积极认真学习安全生产、劳动保护政策、法律、法规，自觉严格遵守各项安全生产规章制度。不擅离职守，不违章作业，不酒后作业，不野蛮作业。在生产中对在自己周围工作的员工的安全和健康负责，要做到在工作过程中不伤害自己、不伤害他人、不被他人伤害。

（2）工作前后必须认真检查、清点自己所使用的机械设备和各种器具。保证安全可靠，并做到正确使用，不得私自改动设备结构，保持作业现场整洁，做到安全生产、文明生产。

（3）根据安全操作规程的规定和本工种的特殊规定，必须正确穿戴劳动防护用品，正确使用安全器具。

（4）遵守劳动纪律，听从领导及安全人员的指挥。积极参加各项安全生产活动，参加本单位组织的各种安全生产培训，接受考核。对相关的安全管理工作可提出改进意见和建议。

（5）发生事故和危险时，应立即向领导报告，可进行适宜的抢救工作，同时要保护好事故现场。有责任和义务向事故调查人员如实介绍情况。

（6）凡被指派负责新调入员工安全工作的人，在帮助其熟悉工作环境、培训生产技术的同时，要对新调入员工进行安全三级知识的教育，新调入员工在未熟悉周围工作环境、独立上岗之前，发生生产安全事故时，该负责人负有重大责任。

（7）在工作中，如发现有违反单位安全规定的人和事，任何人都有义务予以制止，或报告有关职能部门。

3. 班组贯彻安全生产责任制

（1）提高认识。提高对安全生产的思想认识程度，如果班组长对安全生产认识正确，就能高度重视员工在生产过程中的安全和健康，教育和带领员工认真执行安全生产责任制；反之，对安全生产认识片面，对员工的安全健康漠不关心，安全生产责任制就不能建立，即使建立了，也难以执行。

（2）严格执行。班组安全生产责任制一旦颁布实施后，全班组员工要严格执行，特别是班组长要带头执行。在执行过程中还要随着生产的发展和人们认识的深化，不断修改和完善。

（3）及时检查。班组长经常或定期检查安全生产责任制的贯彻执行情况，发现问题，及时解决。对执行好的员工，应当给予表扬；对不负责任或者由于失职而造成工伤事故的，应当给予批评。

（4）认真监督。在制定安全生产责任制时，要充分发动员工参加讨论，广泛听取意见。制度颁布后要使人人都知道，以便于员工的监督检查，同时还应接受上级安技部门的检查监督。

（5）加强考核。实践证明，落实各级安全生产责任制，必须制定两个责任（安全生产责任制和经济责任制）的考核办法，对安全管理的全面情况进行考核。

二、安全教育制度

1. 班组安全教育的内容

（1）思想政治教育。思想政治教育是安全教育的一项重要内容，其目的主要是为安全生产打下思想基础，通常包括思想教育和法纪教育两个方面。思想教育主要是提高广大员工对安全生产重要意义的认识，正确处理安全和生产的关系，自觉搞好安全生产。法纪教育是思想政治教育的又一个重要方面，它主要是使广大干部和群众懂得严格执行劳动保护法规和劳动纪律对实现安全生产的重要性。另外，还应针对青工的特点，学习青年人心理知识，研究当代青工的心理特点，有的放矢地做好青工的安全教育工作。

（2）安全生产方针和劳动保护政策教育。安全生产方针和劳动保护政策教育是思想政治教育的另一方面。党和国家的安全生产方针和劳动保护政策，是制定各项安全生产规章制度的依据，而这些规章制度既是事故教训的总结，又是安全生产工作经验的结晶。

(3) 安全技术知识教育。安全技术知识教育包括一般生产技术知识、一般安全技术知识和专业安全技术知识的教育。生产技术知识是人类在征服和控制自然的斗争中积累起来的知识、技能和经验，而安全技术知识是生产技术知识的组成部分。要掌握安全技术知识，就应该首先掌握一般的生产技术知识。

一般生产技术知识教育的主要内容包括：企业的基本生产概况、生产过程、作业方式，还有与生产过程和作业方式相适应的各种机器设备的使用知识，员工在生产中积累的操作技能和经验，以及产品的构造、性能规格和质量要求等。

一般安全技术知识教育是企业所有员工都必须接受的基本安全技术知识教育，其主要内容包括：

①企业内危险设备和场所及其安全防护的基本知识。

②有关电气设备（动力、照明）的基本安全知识。

③起重机械和厂内运输的有关安全知识。

④生产中使用的有毒有害物料或可能散发的有毒有害物质的安全防护基本知识。

⑤企业中一般消防制度和规则，个人防护用品的正确使用以及伤亡事故报告办法等。

专业安全技术知识教育是对操作人员按具体工种所进行的专业安全技术知识教育，其主要内容包括：工业卫生技术知识和专业安全技术操作规程、制度，如锅炉、受压容器、起重机械、电气、焊接、防爆、防尘、防毒、噪声控制等。

(4) 典型经验和事故教育。安全生产、文明生产方面的先进经验，有领导重视、员工贯彻落实安全生产方针，实现安全生产、文明生产等。安全教育中结合群众看得见、摸得着、说服力强的典型事例进行宣传教育是非常必要的。

在安全教育中结合事故教训进行教育，可以使员工从事故中吸取教训、总结经验、改进工作，从而做到自觉地实现安全生产和文明生产。坚持事故处理“四不放过”的很重要的一条，就是要从事故中吸取严重教训，防止今后发生重复事故。因此，结合本企业、外企业的事故教训对员工进行教育，也是安全教育的一项重要内容。

2. 班组安全教育的形式和方法

本着“干什么、学什么，缺什么、补什么”的原则，按计划、分层次、有步骤地进行培训。采取灵活多样的培训方式以增强员工的学习兴趣，变“要我学习”为“我要学习”。员工安全生产教育的形式和方法一般有“三级安全教育”，特种作业人员安全教育，经常性安全教育，“四新”、“复工”、“调岗”人员安全教育。

(1)“三级安全教育”。“三级安全教育”指入厂教育、车间教育、岗位教育。

①入厂教育。对新入厂的员工必须进行厂一级的安全教育。教育方法要根据本企业生产设备的复杂情况和人数的多少、文化程度的高低等不同情况，采取不同方法进行。如人数较少，可以个别谈话讲解安全守则，指定阅读有关文件；如人数较多，可以采取集体上课的方式。

②车间教育。是新员工或调动工作的员工被分配到车间后所进行的班组一级安全教育。教育内容主要包括：本车间的劳动纪律和危险场所，有毒有害作业的情况及其安全注意事项，本班组安全生产的情况，以及典型案例等。教育方法一般由车间主任或车间安全员负责个别谈话或讲课，讲课前先由班组安全员带领新员工进行实地参观等。

③岗位教育。是新员工或调动工作的员工到工作岗位开始工作之前的安全教育。教育内容主要包括：介绍本工段或生产班组安全生产概况，工作性质及职责范围；新员工将要从事的生产工作性质，必要的安全知识和各种机器设备及其安全防护设施的性能与作用；工作地点和环境的卫生注意事项；容易发生的事故或有毒有害的作业点；个人防护用品的正确使用和保管等。教育方

法一般采用“以老带新”或“师徒包教包学”等。教育重点为劳动防护用品穿戴要求，安全防护设备的使用规定，机床设备容易发生的事故案例。

通过“三级安全教育”，使新员工或调动工作的员工从进厂起，就牢固地树立安全生产观念，熟悉安全操作规则，这对保证安全生产将起到重要作用。

（2）特种作业人员安全教育。对从事特种作业工种如电气、起重、锅炉、压力容器、瓦斯检验、气电焊、试车、车辆驾驶等的人员，必须进行专门训练，并经过严格的考试合格，发给特种作业的工种安全操作证后才准上岗操作。教育方法除根据不同工种的要求进行专门培训外，还因人因地因时而异，灵活掌握运用。

（3）经常性安全教育。经常性安全教育方法主要有安全周、安全活动日、安全会议、班前班后会、讲座、座谈、现场事故分析会、安全教育会、安全知识竞赛等。开展经常性的安全教育，应注意掌握事故发生规律，把事故消灭在萌芽状态。如老员工有生产经验，容易产生麻痹思想，新员工缺乏安全生产知识，容易冒险作业；节假日前后，有的员工思想不集中，容易发生事故；掀起生产高潮，月末、季末、年末抢任务时，容易忽视安全等。掌握了这些规律，就可以及时地开展针对性的安全教育，取得安全生产的主动权。

（4）“四新”、“复工”、“调岗”人员安全教育。“四新”安全教育，是指凡是采用新技术、新工艺、新材料，试制新产品的班组必须做好从事该作业的安全技术知识教育。在未掌握基本性能和安全知识前不准单独操作。

“复工”安全教育，主要是针对离开操作岗位较长时间的员工进行的安全教育。一般因各种假期离开操作岗位一个月以上者，都要由班组长或班组安全员对其进行“复工”安全教育。接受“复工”教育的员工，由班组出具“复工通知单”交给

“复工”者，工段、班组接到其本人送交的“复工通知单”后，方可安排其工作。

“调岗”安全教育，是指员工在本班组临时性调动工种（或岗位）和由甲单位调到乙单位临时帮助工作，由接收班组进行所担任工种的安全教育。

三、安全检查制度

安全检查制度是指企业自身对贯彻执行国家有关劳动安全卫生法律、法规、标准和规定的情况所进行的检查，是消除隐患、防止事故、改善劳动条件的重要手段，也是安全管理工作的一项重要内容。通过安全检查可以发现生产过程中的危险因素，对安全生产状况作出正确评价，以便有计划地采取措施，保证生产的安全。

开展安全生产检查，必须有明确的目的、要求和具体计划，并建立由企业领导负责、有关人员参加的安全生产检查组织。同时，安全生产检查应始终贯彻领导与群众相结合的原则，依靠员工群众，边检查，边改进，并及时总结和推广先进经验。对于限于技术条件当时不能解决的问题，应订出整改计划，限期解决。

1. 安全检查的形式

(1) 经常性检查。是指安全技术人员、班组领导、班组长及员工对安全生产工作所进行的日查、周查和月查，其目的是及时发现生产过程中存在的物的不安全因素和人的不安全行为，并通过检查加以控制和整改。

(2) 定期检查。是指企业或主管部门根据生产活动情况组织的全面安全检查，如季节性检查、季度检查、年中或全年检查等。

(3) 专业性安全检查。是指根据设备和工艺特点进行的专业检查，如电气、锅炉、防火、防爆检查等。

(4) 群众性检查。是指发动群众进行的安全检查。

此外，安全检查还可以运用系统工程的原理，把安全检查工作设计成若干模式。如人因安全性检查，其模式内容是对各级领导和员工进行岗位责任制、安全培训、操作技能等方面的考评，采取填表、抽查、分析评价的方式；物态安全性检查，其模式内容是对各种生产设备、装置、工具、材料等生产物质进行全面的安全可靠性检查评价，检查时采用安全检查表；四查工程，其模式内容是查思想、查制度、查设施、查教育、查防护用品、查隐患、查三违，采取岗位一天一查、班组一周一查、厂级一月一查、公司一季一查的方式；岗位责任制检查，其模式内容是检查岗位专责制、交接班制、巡回检查制、岗位练兵制、安全生产制、文明生产制等的执行情况，采取每季一次现场生产管理大检查，先自查、后联合检查的方式。安全检查只是手段，发现问题后及时整改，消除事故隐患才是目的。

2. 班组安全检查的内容

（1）新入厂、新调换工种的员工，离岗一个月后上岗的员工，上岗前全部进行班组安全教育及考核。

（2）全班人员都有自己的安全检查点、检查路线及标准，并按点、路线、标准进行检查。

（3）每周按规定的内容进行安全活动，做到人员、时间、内容三落实，活动有记录，按时进行班前安全讲话及班后安全讲评，并有记录；连续生产的单位认真执行交接班制度。

（4）危险施工现场有安全监护人，严格执行监督检查，每次都应有记录，所使用的设备、设施、工具、用具、仪表、仪器、容器都有专人保管，有安全检查责任牌，按时进行检查。

（5）所有设备、设施、工具、用具必须完好，安装前符合要求；部件、附件完好齐全，连接牢固；防护、保险、信号、仪表、报警完好齐全，准确灵活，作用有效；所有场地的油气水管线无跑、冒、滴、漏现象，消防设施、器材、工具按要求配备，保管完好，定期进行检验维修，实行挂牌制。

（6）应设置安全标志的地方，按标准设置标志且完好清晰，电气、电路安装正确、完好；应使用防爆电器的地方，按要求使用；应装置防静电装置的地方，正确装置防静电装置。

（7）生产场地平整、清洁，无危险建筑及设施；生产的成品、半成品，所用的材料、原料，使用的用具、工具，堆放、摆放符合安全要求；无生产中不需用的易燃易爆及危险物品，如需要应有使用规定及防护措施；光线、照明要符合国家标准；应装置安全防护的地方都按标准进行安装。

（8）严禁烟火的生产场所，无火源及烟蒂、火柴棒；动火作业按要求办理动火手续，并制定严格的防护措施；生产场所无生产中不许用的电炉、煤（汽、柴）油炉和液化气炉，经过批准使用的要有安全规定，并按规定执行。

四、安全自我管理机制

在传统安全管理方法中，往往把班组放在被动的制约地位，因此收效不佳。而把班组的自我管理机制建立起来，发挥班组安全管理的主观能动性，使岗位员工自觉抵制各种不安全行为，辨识和整改事故隐患，变被动为主动，变“要我安全”为“我要安全”，提高自我防护能力，减少或杜绝事故的发生。

班组的自我管理，主要是自我教育、自我检查、自我约束、自我警戒。企业主管部门应为班组自我管理提供方便和全方位服务。

1. 分类编辑班组安全工作记录本

把班组安全工作手册的内容与班组安全工作记录本合为一体，针对各类班组的专业特点，提出安全生产工作的要求，把有关安全生产的法规、标准、制度、知识、事故案例，提炼出安全管理的精华，编辑到工作记录本上，告诉班组应该做什么，应该怎么做。班组通过学习和使用安全工作记录本，就能基本明确一年的安全生产工作，使每个记录本变成一名“安全员”、一本安全生产教科书。

为使班组安全生产工作记录本贴紧生产实际，编辑时要搞好调查研究，了解掌握基层生产实际，从生产实际出发，为班组和岗位员工着想，为班组安全工作服务，力争做到简洁、明了、通俗。

为便于操作，要将与本班组相关的安全生产岗位责任制、岗位交接班制、巡回检查制、班组“三标”管理标准、日常检查表、违章和隐患内容、最新安全科技成果介绍、常规安全工作提示、安全标志、安全警句等内容贯穿到班组生产活动中，认真写在工作记录本上，为班组安全生产提供安全系列“快餐”服务。

通过这种方法，把常规的安全工作要求落实到班组，消除中间环节，使岗位员工都知道安全标准，熟悉安全知识，直接提高每一个员工的安全意识和安全技能。

2. 班组安全的自我管理

班组安全的自我管理，主要包括制定年度、季度、月度安全工作计划，班组全体人员能熟知班组和成员必须遵守的各项规章制度，坚持开展班组安全教育，对新员工（包括调换工种的人员）必须经过班组安全教育、培训并能够掌握正确的操作方法后，经考试合格，持有合格证方准上岗单独操作。新员工上岗时，签订师徒合同，特种作业人员必须持证上岗。每周有计划地组织班组安全日活动，自觉地开展安全教育，学习安全工作记录本上的各项内容，从本班组或其他单位发生的事故中吸取教训，对本班组各岗位可能发生的事故进行预先分析，制定对策，预防事故发生。坚持班前讲安全、班中查安全、班后讲评安全，认真执行班组各项安全规章制度；岗位安全防护器材和安全标志完整好用，定点存放，有专人负责检查和保管。作业现场环境良好，无事故隐患，符合现场标准化要求。班组人员认真进行巡回检查，做到定时、定点、定路线、定安全内容，人人保证设备安全运行；按工艺规程、安全技术操作规程等精心操作，维护保养好设备；无违章操作现象，对违章指挥能进行抵制，对本班组人员违章作业、违反劳动纪律行为能互相制止。班组要做好安全教育、安全活动、安全检查、违章处罚等工作，做到交接班、操作记录和原始记录清晰、整洁、真实、无差错。

为开展好班组自我管理工作，领导干部每月要参加一次班组安全活动，做到员工三班倒，班班见领导。班组的安全员要每月检查班组安全工作记录本，并对记录本上的内容作出处理，最后签字认可。班组应定期组织对班组考核，奖惩兑现。

3. 发挥班组长的安全管理作用

班组长作为“兵头将尾”，是企业生产现场第一线直接的管理者，注重发挥其管理作用，促进其职能向以安全为主转变，是构筑生产安全防线的关键。班组长负有现场工程安全管理，新项目、新设备的验收权，始终身居生产指挥现场，能最早发现、及时处理违章和事故隐患，作业环境好坏与班组长的管理水平有着直接关系，班组长在安全管理中起着十分重要的作用。

班组长要代表员工权益，保护员工的利益，行使员工的合法权利。对用人单位管理人员违章指挥、强令冒险作业，则有权拒绝执行；对危害生命安全和健康的行为，有权提出批评、检举和控告。对生产过程中发现的重大事故隐患和职业危害，有权提出建议和解决的办法；当发现危及员工生命安全的情况时，有权向企业建议组织员工撤离危险现场。

要建立、健全安全管理制度，严格检查、考核，将对班组的考核与班组长评先、晋级、提拔联系起来，促进班组长向以安全为主的职能转变。采用民主评议、重点培养、领导把关的方法，选配出安全技术高、懂管理的班组长，同时强化班组长的安全技术培训，引导班组长转变、改进工作方法，加强现场安全监督，全方位促进班组长的安全管理。

五、反违章、除隐患机制

违章和隐患是导致事故的直接原因，反违章、除隐患，促进员工遵章守纪，是安全生产工作的主要任务之一。在检查班组安全生产中，重复性的违章和隐患是安全生产的顽症，要杜绝同类事故重复发生。完善反违章、除隐患的机制，解决这一难题，真正消除产生违章和事故隐患的环境，是实现安全生产的关键。

1. 确定违章和隐患内容

在班组的安全生产实际活动中，涉及的安全生产技术标准、规程、制度、办法及有关安全要求非常多，而且相当分散。由于安全技术知识的缺乏，对一些违章，岗位员工并不认为是违章，辨认隐患的能力也较差，为便于执行，必须明确哪些是违章和隐患的内容，增强可操作性。

2. 建立违章和隐患连带责任制度

在安全生产过程中，员工的违章与领导层、管理层的违章有着千丝万缕的联系。领导层、管理层的违章具有隐蔽性，往往被忽视。现场的部分事故隐患也是由领导层、管理层造成的。各级领导和管理人员的安全生产责任制难以考核，不好操作。使各级的安全生产职责具体化，把各项安全管理规定落到实处，是安全工作的难点。

企业应该建立事故隐患和违章的连带责任制度，把隐患和违章的责任严格落实到上至企业的安全生产第一责任人，下至基层班组长在内的各级管理人员，违章和隐患越多，连带的层次越高，处罚越重。班组长无力整改的事故隐患或设计缺陷、施工质量等原因造成的隐患，书面上报车间或厂安委会办公室备案，列入上一级隐患整改计划。对班组制止违章作业、拒绝违章指挥或上报事故隐患的人员要给予奖励，增强各级人员反违章、除隐患的责任心。

3. 认真执行连带责任制度

制定明确的违章及隐患连带责任管理制度，并认真执行。由厂安全部门定期或不定期组织安全检查，坚持检查公开、结果公开、奖罚公开的原则，把违章和隐患的扣款，由厂安委会办公室统一整改交厂劳资部门扣除，并把全年的考核情况列入领导的责任考核之中。

同时，企业应制定方案，消除可能产生违章的客观因素，改进设计不合理的人机界面，促进安全、高效、方便、宜人的操作，改善作业环境，提高生产管理指挥水平；要督促隐患的整改，不断完善安全装置和设施，健全安全操作规程，解决因设计缺陷而遗留下的问题，进一步明确各级领导和管理人员在消除事故隐患中的责任，促进隐患整改。

第三节　班组安全管理常用方法

一、安全目标管理

目标管理是一种系统管理方法，是通过让企业管理人员与职工共同参与制定工作目标，并在工作中试行自我控制，努力完成工作目标的管理方法。目标管理的目的，是通过目标的激励作用来调动广大职工的积极性，保证总目标的实现。目标管理的核心，是强调工作成果，并以实现目标的成果来评价贡献的大小。现代安全管理应该是一种目标管理。要使安全管理工作不被忽视，就必须将其转化为目标，使安全管理目标成为企业诸多目标之中的重要组成部分。班组安全的目标管理，就是根据企业安全管理总目标和上一层次分目标的要求，把班组承担的各项安全管理责任转化为班组安全管理目标。班组在制定安全管理目标时应遵循以下原则：

（1）根据上一层次安全管理的分目标或子目标及班组自身的实际情况，与员工一起共同制定。班组安全管理目标应与上级和部门目标协调一致，保证上一层次目标的实现。

（2）班组安全管理目标应使整个班组的安全管理工作与每一个员工应承担的具体安全生产责任充分地融为一体，即安全管理目标的建立与班组及个人的安全生产责任制相结合并形成规范化的制度管理，以所制定的安全目标来要求和规范班组成员的安全行为。

（3）目标管理是一种过程，是一种动态管理，通过检查、监督、信息反馈及对目标的调整，以利于总目标和分目标的完成。

（4）安全管理目标要切合实际，要分清主次，突出重点，内容明确，具有可操作性。

（5）对安全目标的实施结果应进行评比、考核，确定奖惩办法，激励员工自觉地遵守各项安全规章制度和操作规程，养成良好的安全习惯。

二、标准化安全管理

班组安全管理标准化是企业根据有关劳动保护法规、规程、标准和企业的规章制度而制定的作业者的行为规范，是有关法规、标准的具体化，是标准化工作的延伸。它符合统一协调、技术先进、经济合理、安全可靠的原则，能够将班组大量重复性工作用最佳的处理方案确定下来，建立班组良好的安全工作秩序和生产环境，调动班组安全生产管理的能动性，减少违章，消除隐患，提高人—机—环境系统本质安全化水平，有效地预防事故。它是一项安全投入少、安全效益高的科学方法。

1. 分类制定班组安全管理标准

企业应集中精干人员，分系统提出各类班组安全管理的标准并逐步完善。班组安全管理标准主要有如下 3 个方面：

（1）组织管理标准。建立班组长、兼职安全员和每个岗位的安全生产责任制，使每一项安全生产工作与每一名员工挂起钩来，完善安全操作规程，制定班组安全生产教育、培训、检查、考核、评比、奖惩制度等，内容详细，可操作性强。

（2）作业现场标准。同工种作业环境要做到规范、一致，作业现场基础设施完善、整洁、卫生，安全标志醒目、针对性强，现场布置合理、设备完好，安全防护设施、报警装置齐全可靠，安全通道畅通，工作条件良好。

（3）操作标准。各工种有科学的安全技术操作规程，每个岗位按操作程序、动作标准进行标准化作业。

2. 实施班组安全生产管理标准化

实施班组安全生产管理标准化，必须按系统分专业进行组织。先分类进行试点，总结经验，树立不同的典型，然后全面推广，在班组中开展标准化施工、标准化安装、标准化操作及标准化班组、标准化现场、标准化岗位的管理活动，组织达标竞赛。

在实施标准化管理过程中，要不断完善班组安全管理标准，修订各类班组的达标标准和验收细则，使其更符合基层的安全生产实际，增强可操作性。同时，要按照标准，严格检查考核，逐级验收，定期考评，动态管理，将考核情况与奖惩挂钩。

3. 抓住关键环节促进标准贯彻执行

企业实施标准化管理，是一项长期、复杂、艰巨的工作。企业要及时足额提取安全技术措施经费，依靠科技进步，改善作业环境，不断完善机械设备、设施的防护装置，整改事故隐患，提高本质安全化水平。要将标准化管理与企业各方面的工作融为一体，形成网络，才能使标准化管理深入持久地开展。

开展班组安全管理标准化，领导重视是先决条件，全员安全教育和技术培训是开展标准化管理的可靠基础，严格检查考评是落实标准化管理的重要手段，加强基础设施建设，改善班组生产作业环境是开展标准化的重要保证。

三、特色安全管理方法示例

1. “三无”目标管理

“三无”即个人无违章、岗位无隐患、班组无事故。这是班组安全管理的核心，也是整个企业安全生产的基础。如果一个企业的全体员工、所有岗位、一切班组都能达到“三无”，那么，这个企业就是一个无事故工厂，就进入了企业安全生产的理想境界。班组开展“三无”目标管理，要实施的操作方法和步骤很多，每个班组要根据自己的生产任务、作业环境、工作性质来制定适合自己班组特点的“三无”目标管理。一般来说抓住以下三点进行。

（1）班组骨干以身作则。班组是安全生产的基础和落脚点，班组“三无”目标管理是一个细胞工程。个人无违章、岗位无隐患、班组无事故是落实“安全第一、预防为主”方针的实际步骤，也是班组安全建设的核心问题。班组长是企业最基础的管理者和生产作业的直接操作者，班组长在安全生产中必须以身作则，副班长兼安全员要在工作中一心扑在班组安全建设上，把安全生产作业中的各个环节都按“三无”目标去组织，并把每天的安全生产情况认真记录在台账上，以指导今后的工作。榜样的力量是无穷的，只要班组骨干动员起来，班组长带头执行规章，心想安全事、手干安全活，班组的“三无”安全目标管理就能步入有序的轨道。

（2）建立班组安全生产管理体系。班组为实现“三无”目标管理必须建立安全生产管理体系，发挥集体的力量，集思广益，博采众长，以班组长为核心，副班长兼安全员、党小组长、工会小组以及其他骨干组成班组安全生产领导小组，发动员工对安全生产中存在的问题提出合理化建议，做到“查一个隐患，提一条建议，采取一项措施，增加一份安全”。

（3）夯实班组安全基础工作。在建立班组安全生产责任制的基础上，进一步加强班组安全生产基础工作，按照“谁主管谁负责”，“谁在岗谁负责”的原则，责任到人，做到“在岗一分钟，负责六十秒”。要根据本班生产工艺流程、岗位工种来划分安全生产责任区，指定专人负责安全生产工作，责成负责人对安全生产实施监督检查，检查各种安全装置，确保齐全有效；坚持每班班前安全讲话，结合生产任务提出安全注意要点和安全操作要求；坚持每周安全生产活动日活动；坚持每月一考评、每季一总结、半年一评比。夯实班组安全生产基础工作，班组安全工作就能变成每个人的自觉行动，变“要我安全”为“我要安全”，进而形成“我管安全”、“我会安全”的局面。

2. “六有”、“六无”班组安全管理

1）“六有”班组安全管理

（1）安全有目标。结合班组的实际情况和人员特点，制定出班组安全管理的目标和要求，使班组员工做有要求、干有目标。

（2）管理有规章。编制严格的、切实可行的管理规章，加强班组员工遵章守纪的安全意识。

（3）操作有规程。对班组现有的岗位操作规程及时修改、增补，使其更具有实用性和可操作性。

（4）检查有记录。对班组日常安全检查设置安全检查台账，及时记载和反馈检查出的隐患。

（5）考核有依据。对班组任务完成情况、全员安全意识状态、查处隐患情况、杜绝“三违”行为及安全投入情况等进行考核。

（6）班组有安全员（兼职）。安全员每天参加班前安全教育，亲临作业现场查处隐患，堵塞漏洞，制止“三违”行为。

2）“六无”班组安全管理

（1）作业无事故。作业过程强化班组人员安全意识，增强自我保护的能力，严格执行安全规程，保证安全生产顺利进行。

（2）作业无“三违”。加强对班组的安全教育，积极采取多种形式加大对“三违”行为的查处力度。

（3）设备无缺陷。班前班后对使用的设备实行报告制度，以彻底消除设备的不安全状态。

（4）环境无隐患。实施全方位照明，完善工作现场的定置管理等，真正做到作业环境无隐患。

（5）制度无缺陷。在生产实践中不断总结完善生产管理制度，对新增工种、岗位及时制定相应制度。

（6）教育无遗漏。对新上岗员工严格进行企业、车间、班组的三级安全教育，举行定期的安全教育活动，深化安全意识的培养。

第四节　现场安全管理技巧

一、现场管理的标准

现场管理以整理、整顿、清扫、清洁、素养管理为标准，以全体员工的行为养成为目标，通过对每个人、每件事、每一天、每一处行为的规范，实行全员控制、生产全过程控制和重点人员控制。

1. 整理

整理就是把作业场所内的物品分出哪些有用哪些无用，把无用的物品从作业场所内清理出去。通过对作业场所的整理，可以改善和增加作业面积，减少磕碰的机会，保障作业安全；同时由于现场无杂物，通道畅通，可提高工作效率，也可提高操作人员的工作情绪。整理是改善作业环境的第一步，进行整理时应遵循以下原则：

（1）对作业场所内各种物品进行分类，区分什么是现场需要的，什么是现场不需要的。把永远不可能用到的物品清理掉，把长期不用但有潜在可用性的物品放置在指定地点，把经常使用的物品放在容易取到的地方。

（2）把现场不需要的物品坚决清理掉，如将剩余的材料、多余的半成品、切下的料头、切屑、垃圾、废品、报废的设备等清理掉。

（3）彻底搜寻和清理班组的各个角落，包括工位和设备的前后、通道左右以及工具箱内外，使作业现场内无不用之物。

2. 整顿

经过前一步的整理后，对生产现场留下的所需物品进行合理的布置和摆放，以使用最快的速度取到所需之物，在最简捷的流程下完成作业。对作业场所的整顿，可使作业人员在操作中忙而不乱，要用的物品随手可得。这正是安全定置管理的功能所在。整顿时应注意以下几点：

（1）物品摆放要有固定的地点和区域，以便于寻找，消除因乱放而造成的差错。

（2）物品摆放的地点要科学合理，经常使用的东西应放得近些，偶尔使用或不经常使用的东西则应放得远些（如集中放在班组某处），危险物品应在特定的场所内保管。

（3）物品摆放目视化，使定量装载的物品做到过目知数，摆放不同物品的区域应采用不同的色彩和标志加以区别。

整顿后，作业场所应呈现这样的面貌：区域划分有界限，不同的生产线、工序设有标志牌，工位、设备、工具摆放整齐；物料架有标示，档案柜有标志，文件、记录等物品放置有规则；不同物料用适当的标志来区分，物料和物品放置整齐、妥当、美观；通道畅通、无杂物；工作台台面整洁，抽屉不杂乱等。

3. 清扫

生产现场在生产过程中会产生灰尘、油污、铁屑、垃圾等，使现场变得脏乱，进而使设备精度降低，故障多发；脏乱的现场还会影响操作人员的工作情绪，使人不愿久留。通过清扫可清除生产中产生的脏物，营造一个整洁、明快、舒适的工作环境。清扫时应注意以下几点：

（1）建立清扫责任区，明确责任人。一般情况下，自己使用的物品，如机器、设备、工具等应自己清扫，不设专门的清扫人员。

（2）在对设备清扫时，应注重对它们的维护保养，即把设备清扫同设备的点检结合起来，并同时做好设备的润滑、保养工作。

（3）在清扫过程中，注意调查和发现污染源，以便从源头上加以杜绝。通过改造生产设备，修理损坏部分，以及改进生产工艺，省略产生脏污的工序等，对源流部分进行管理。在无法杜绝污染产生的情况下，应将产生的污染物及时、有效地收集和处理。

4. 清洁

清洁是对前三项活动的保持和深入，在整理、整顿、清扫之后，使现场保持整洁和最佳状态，从而消除产生不安全因素的根源。同时，一个良好的工作环境，可使作业人员能愉快地工作。清洁过程中应注意以下问题：

（1）工作环境不仅要整齐，而且要清洁卫生，应消除工作环境中的有害因素（如有毒气体、粉尘、噪声和污染源等），保证员工身体健康、心情舒畅。

（2）不仅物品要清洁，作业人员自身也要保持清洁，如工作服要清洁、仪表要整洁等。

（3）作业人员在保持形体整洁的同时，还要有良好的精神面貌和极大的工作热情，讲礼貌，尊重他人。

（4）将整理、整顿、清扫做到制度化、规范化，保持取得的成果。

清洁的标准应包括：地面、墙面清洁；物料架清洁，物料上无积尘；通风良好，空气干净清爽；设备、工作台台面、办公桌桌面清洁；光线充足，亮度适宜。

5. 素养

(1) 提高素养的目的。提高素养的目的在于培养具有良好习惯、遵守规则的员工，营造团体精神。许多人在现场管理工作一段时间后，就逐渐懒散下来，为了使现场管理工作能长期坚持下去，开展多种层次和多种形式的活动是必要的，同时还要建立一套完善和严格的评比、奖惩制度。必要时可考虑与工作绩效挂钩。

(2) 素养推行要领。制订服装、肩章、工作帽等识别标准；制订共同遵守的有关规则、规定，制订礼仪守则；教育训练，推动各种精神提升活动等。

二、班前会和班后会

班前会和班后会是生产班组实施工作任务前后进行的生产组织活动形式。开好班前会和班后会是生产班组保证安全生产有效措施之一。开好班前会和班后会的目的是实现安全生产的预控、可控，关键在于正确对待和认真落实。班组在每日工作的开始阶段和结束总结阶段，应自始至终地认真贯彻“五同时”，即班组长在计划、布置、检查、总结、考核生产的同时，进行计划、布置、检查、总结、考核安全工作，把安全指标与生产指标一起进行检查考核。要认真开好班前会和班后会，做到每日安全工作程序化，即班前布置安全、班后检查安全，将安全工作列为班前会和班后会的重点内容。可以说，班前班后会有成效与否，是班组安全管理水平的一个标志。

1. 班前会

班前会是班组长根据当天的工作任务，结合本班组的人员（人数、各人的安全操作水平、安全思想稳定性）、物力（原材料、作业机具、安全用具）和现场条件、工作环境等情况，在工作前召开的班组会。其特点是时间短、内容集中、针对性强。

为组织开好班前会，班组长每天要提前到岗，查看上一班的工作记录，听取上一班班组长的交接班情况，了解设备操作情况、有无异常现象和缺陷存在、是否进行过检修等，然后进行现场巡回检查。班组长要对当天的生产任务、相应的安全措施、需使用的安全工器具等做到心中有数，对承担工作任务的班组成员的技术能力、责任心要有足够的了解。在班前会上要突出“三交”（即交任务、交安全、交措施）和“三查”（即查工作着装、查精神状态、查个人防护用品），并针对当天生产任务的特点、设备运行状况、作业环境等，有针对性地提出安全注意事项。对因故没有参加班前会的个别班组成员，班组长应事后对其补课交底，防止发生意外。

班前会是一种安全分析预测活动，要使之符合实际，具有针对性和预见性，就要求班组长在每天会前认真准备，有关安全事项要在实际作业中验证总结。

2. 班后会

班后会是一天工作结束或告一段落，在下班前由班组长主持召开的一次班组会。班后会以讲评的方式，在总结、检查生产任务的同时，总结、检查安全工作，并提出整改意见。班前会是班后会的前提和基础，班后会是班前会的继续和发展。

班后会上，班组长要简明扼要地小结当天完成生产任务和执行安全规程的情况，既要肯定好的方面，又要找出存在的问题和不足；对工作中认真执行规章制度、表现突出的班组成员要进行表扬，对违章指挥、违章作业的人员视情节轻重程度和造成后果的大小，提出批评或考核处罚；对人员安排、操作方法、安全事项提出改进意见，对操作中发生的不安全因素、职业危害提出防范措施。

班组长要全面、准确地了解班组当天的工作情况，以使班后会的总结评比具有说服力。同时还要注意工作方法，以灵活机动的方式，激发班组成员搞好安全生产工作的积极性，增强他们自我保护的意识和能力，帮助他们端正认识，克服消极情绪，以实现班组安全生产的目标。

三、"四有"、"三点"工作法

1."四有"工作法

以制度化管理为核心的"四有"工作法，使整个生产管理工作形成一个完整的闭路循环，使人、财、物、信息等生产要素始终处于受管理、受监督的状态。

(1) 工作有计划。通过科学制定计划，有效执行计划，大大提高工作效果。针对企业工作具有定期性、重复性的特点，各处室、班组制定年度内各个阶段的工作计划，以此分解工作量，排出工作运行大表和工作日志，将具体的工作计划、工作目标分解到岗，具体到人。

(2) 行动有方案。凡是行动都制定科学、严谨的方案。各岗位根据本岗实际，确定定期工作内容；以工作安排和工作设想，编制月度工作台历，内容细化至日；编制每项工作的流程，合理安排工作时间。

(3) 步步有确认。对现场进行的任何一项工作，都设计确认步骤。对工作落实情况，由处室、班组按日考核消减，每周向企业管理处室汇报实际运行情况；公司质检计量处对各岗位进行宏观的掌控和细化的考核管理，从工作量、工作质量、工作效率、工作态度4个方面进行考核评价。

(4) 事后有总结。对任何生产过程、方案的实施都要进行总结，归纳出好做法。质检计量处把完成任务、保证质量与提高经济效益结合起来，对各处室、班组的运行情况每周召开专题会议进行小结，每月展开一次考评，按照机关考评基层，基层考评机关，各个层面互评与自评相结合的原则，进行总结评比。考核结果与奖惩兑现紧密结合，与奖金发放挂钩。

2."三点"工作法

“三点”是指危险点、危害点、事故高发点。这“三点”是班组安全生产的要点、主控制点和注意点，有效地控制了“三点”，班组安全生产就有了把握。因此，控制“三点”是班组安全建设的具体办法。

1）危险点是相对于其他作业点和岗位更危险的岗位

危险点固有的危险性使它成为安全控制的重点。危险点发生事故的概率很大，但并不表明它时时、处处要发生事故，只要安全措施到位、防范办法周密，是可以把危险点变成不危险点的。在此提出 10 项危险点控制措施：

（1）编制危险点应急救援预案。

（2）所有危险点的作业人员必须经安全培训教育合格，取证后方能上岗。

（3）对危险点的巡检，班组长至少每天两次。

（4）对危险点必须设立监控、监测措施，有条件的实行计算机管理。

（5）火灾危险点必须配备消防水和数量足够的消防灭火器材。

（6）危险点现场必须有明显的安全标志和安全标牌。

（7）危险点现场必须保持畅通的安全通道。

（8）危险点的设备设施要设有良好的防雷接地装置和防洪排水设施。

（9）危险点现场必须使用防爆电器。

（10）危险点每年必须向厂部或集团公司以及当地政府报告其运行情况。

2）危害点是相对于其他作业点更具危害性的作业点

危害点具有危害性，如化工企业有毒有害气体岗位就是危害点，毫无疑问它是班组安全生产的控制点。要控制危害点的危害性，除了设计的安全性以外，还必须使班组的每个成员了解危害物质的性质、预防的办法、紧急情况下的应急措施等。

（1）编制危害点应急救援预案。

（2）所有危害点的从业人员必须经过有针对性的安全教育，取证后方能上岗。

（3）对危害点的巡检，班组长至少每班两次，操作人员每小时一次。

（4）危害点配足过滤式防毒面具，每个点至少配两具氧气呼吸器。

（5）危害点现场必须配有压力表、温度计、液位计等就地监测设施。

（6）危害点严禁储罐超储、库房超存、工艺过程超压。

（7）危害点的操作场所配备一定数量的便携式可燃气体、有毒有害气体监测仪。

（8）危害点现场保持通畅的通道。

（9）危害点现场必须使用防爆电器。

（10）危害点现场保持整洁、清洁、文明。

3）事故高发点是曾经发生过事故或多次发生过事故的作业点

事故高发点是班组安全生产的控制点，“前事不忘，后事之师”，对于事故高发点，除了采取切实可行的措施外，主要是吸取事故教训、杜绝重复性事故的发生。

（1）要在事故高发点现场挂上警示牌，说明这个点曾经多次发生过事故，警示大家要引以为戒。

（2）重新审定操作规程，针对已发事故的分析结果改进操作方式。

（3）对事故高发点加强监控和安全检查频率。

（4）对事故高发点加强设施和装备，如增加安全设施、改进工作环境等。

（5）把事故高发点作为现场安全教育的基地。

（6）对事故高发点建立、健全三个系统：一是组织保障系统，二是人员职责系统，三是管理功能系统。

四、班组现场安全目视管理

1. 目视管理的含义

目视管理是利用形象直观、色彩适宜的各种视觉感知信息来组织现场生产活动，达到提高劳动生产率目的的一种管理方式。它是以视觉信号为基本手段，以公开化为基本原则，尽可能地将管理者的要求和意图让大家都看得见，借以推动自主管理、自我控制。所以目视管理是一种以公开化和视觉显示为特征的管理方式，也可称之为“看得见的管理”。

2. 目视管理的优点

（1）目视管理形象直观，有利于提高工作效率。现场管理人员组织指挥生产，实质是在发布各种信息。操作人员有秩序地进行生产作业，就是接收信息后采取行动的过程。在机器生产条件下，生产系统高速运转，要求信息传递和处理既快又准。如果与每个操作人员有关的信息都要由管理人员直接传达，那么不难想象，拥有成百上千员工的生产现场，将要配备多少管理人员。目视管理为解决这个问题找到了简捷之路。它告诉我们，迄今为止，操作人员接受信息最常用的感觉器官是眼、耳和神经末梢，其中又以视觉最为普遍。可以发出视觉信号的手段有仪器、电视、信号灯、标志牌、图表等。其特点是形象直观，容易认读和识别，简单方便。在有条件的岗位，充分利用视觉信号显示手段，可以迅速而准确地传递信息，无须管理人员现场指挥即可有效地组织生产。

（2）目视管理透明度高，便于现场人员互相监督，发挥激励作用。实行目视管理，对生产作业的各种要求可以做到公开化。干什么、怎样干、干多少、什么时间干、在何处干等问题一目了然，这就有利于人们默契配合、互相监督，使违反劳动纪律的现象不容易隐藏。例如，根据不同班组和工种的特点，规定穿戴不同的工作服和工作帽，很容易使那些擅离职守、串岗聊天的人处于众目睽睽之下，促其自我约束，逐渐养成良好习惯。又如，有些地方对企业实行了挂牌制度，单位经过考核，按优秀、良好、较差、劣4个等级挂上不同颜色的标志牌；个人经过考核，优秀与合格者佩戴不同颜色的臂章，不合格者无标志。这样，目视管理就能起到鼓励先进、鞭策后进的激励作用。总之，大工业生产既要求有严格的管理，又需要培养人们自主管理、自我控制的习惯与能力。目视管理为此提供了有效的具体方式。

（3）目视管理有利于产生良好的生理和心理效应。对于改善生产条件和环境，人们往往比较注意从物质技术方面着手，而忽视现场人员生理、心理和社会特点。例如，控制机器设备和生产流程的仪器、仪表必须配齐，这是加强现场管理不可缺少的物质条件。不过，如果要问：哪种形状的刻度表容易认读？数字和字母的线条粗细的比例多少才最好？白底黑字是否优于黑底白字？等等，人们对此一般考虑不多。然而这些却是降低误读率、减少事故所必须认真考虑的生理和心理需要。又如，谁都承认班组环境必须干净整洁。但是，不同班组（如机加工班组和热处理班组），其墙壁是否应“四白落地”，还是采用不同的颜色？什么颜色最适宜？诸如此类的色彩问题也同人们的生理、心理和社会特征有关。目视管理的长处就在于，它十分重视综合运用管理学、生理学、心理学和社会学等多学科的研究成果，能够比较科学地改善同现场人员视觉感知有关的各种环境因素，使之既符合现代技术要求，又适应人们的生理和心理特点，这样，就会产生良好的生理和心理效应，调动并保护员工的生产积极性。

3. 目视管理的内容

（1）规章制度与工作标准的公开化。为了维护统一的组织和严格的纪律，保持大工业生产所要求的连续性、比例性和节奏性，提高劳动生产率，实现安全生产和文明生产，凡是与现场员工密切相关的规章制度、标准、定额等，都需要公布于众；与岗位员工直接有关的，应分别展示在岗位上，如岗位责任制、操作程序图、工艺卡片等，并要始终保持完整、正确和洁净。

（2）生产任务与完成情况的图表化。现场是协作劳动的场所，因此，凡是需要大家共同完成的任务都应公布于众。计划指标要定期层层分解，落实到班组和个人，并列表张贴在墙上；实际完成情况也要相应的按期公布，并用作图法，使大家看出各项计划指标完成中出现的问题和发展的趋势，以促使集体和个人都能按质、按量、按期地完成各自的任务。

（3）与定置管理相结合，实现视觉显示信息的标准化。在定置管理中，为了消除物品混放和误置，必须有完善而准确的信息显示，包括标志线、标志牌和标志色。因此，目视管理在这里便自然而然地与定置管理融为一体，按定置管理的要求，采用清晰的、标准化的信息显示符号，对各种区域、通道，各种辅助工具（如料架、工具箱、工位器具、生活柜等）均应运用标准颜色，不得任意涂抹。

（4）生产作业控制手段的形象直观与使用方便化。为了有效地进行生产作业控制，使每个生产环节，每道工序能严格按照期量标准进行生产，杜绝过量生产、过量储备，要采用与现场工作状况相适应的、简便实用的信息传导信号，以便在后道工序发生故障或由于其他原因停止生产，不需要前道工序供应在制品时，操作人员看到信号，能及时停止投入。例如，“看板”就是一种能起到这种作用的信息传导手段。各生产环节和工种之间的联络，也要设立方便实用的信息传导信号，以尽量减少工时损失，提高生产的连续性。例如，在机器设备上安装红灯，在流水线上配置工位故障显示屏，一旦发生停机，即可发出信号，巡回检修工看到后就会及时前来修理。生产作业控制除了期量控制外，还有质量和成本控制，也要实行目视管理。例如，质量控制在各质量管理点（控制）要有质量控制图，以便清楚地显示质量波动情况，及时发现异常，及时处理。班组要利用板报形式，将“不良品统计日报”公布于众，当天出现的废品要陈列在展示台上，由有关人员会诊分析，确定改进措施，防止再度发生。

(5) 物品码放和运送数量的标准化。物品码放和运送数量实行标准化，可以充分发挥目视管理的长处。例如，各种物品实行“五五码放”，各类工位器具，包括箱、盒、盘、小车等，均应按规定的标准数量盛装，这样，操作、搬运和检验人员点数时既方便又准确。

(6) 现场人员着装的统一化与实行挂牌制度。现场人员的着装不仅起劳动保护的作用，在机器生产条件下，也是正规化、标准化的内容之一。它可以体现员工队伍的优良素养，显示企业内部不同单位、工种和职务之间的区别，因而还具有一定的心理作用，使人产生归属感、荣誉感、责任心等，对于组织指挥生产，也可创造一定的方便条件。挂牌制度包括单位挂牌和个人佩戴标志。按照企业内部各种检查评比制度，将那些与实现企业战略任务和目标有重要关系的考评项目的结果，以形象、直观的方式给单位挂牌，能够激励先进单位更上一层楼，鞭策后进单位奋起直追。个人佩戴标志，如胸章、胸标、臂章等，其作用同着装类似。另外，还可同考评相结合，给人以压力和动力，达到催人进取、推动工作的目的。

4. 色彩的标准化管理

色彩是现场管理中常用的一种视觉信号，目视管理要求科学、合理、巧妙地运用色彩，并实现统一的标准化管理，不允许随意涂抹。这是因为色彩的运用受多种因素制约。

(1) 技术因素。不同色彩有不同的物理指标，如波长、反射系数等。强光照射的设备，多涂成蓝灰色，是因为其反射系数适度，不会过分刺激眼睛。危险信号多用红色，这既是传统习惯，也是因其穿透力强，信号鲜明的缘故。

(2) 生理和心理因素。不同色彩会给人以不同的重量感、空间感、冷暖感、软硬感、清洁感等情感效应。例如，高温班组的涂色应以浅蓝、蓝绿、白色等冷色为基调，可给人以清爽舒心之感；低温班组则相反，适宜用红、橙、黄等暖色，使人感觉温暖。热处理设备多用属冷色的铅灰色，能起到降低“心理温度”的作用。家具厂整天看到的是属暖色的木质颜色，木料加工设备则宜涂浅绿色，可缓解操作者被暖色包围所涌起的烦躁之感。从生理上看，长时间受一种或几种杂乱的颜色刺激，会产生视觉疲劳，因此，就要讲究员工休息室的色彩。如纺织工人的休息室宜用暖色；冶炼工人的休息室宜用冷色。这样，有利于消除职业疲劳。

(3) 社会因素。不同国家、地区和民族，都有不同的色彩偏好。例如，我国人民普遍喜欢绿色，因为它是生命、青春的象征；而日本人则认为绿色是不吉祥的。

总之，色彩包含着丰富的内涵，现场中凡是需要用到色彩的，都应有标准化的要求。

5. 推行目视管理的基本要求

推行目视管理，要防止搞形式主义，一定要从企业实际出发，有重点、有计划地逐步展开。在这个过程中，应做到的基本要求是：统一、简约、鲜明、实用、严格。统一，即目视管理要实行标准化，消除五花八门的杂乱现象；简约，即各种视觉显示信号应易懂，一目了然；鲜明，即各种视觉显示信号要清晰，位置适宜，现场人员都能看得见、看得清；实用，即不摆花架子，少花钱、多办事，讲究实效；严格，即现场所有人员都必须严格遵守和执行有关规定，有错必纠，赏罚分明。

五、人流、物流定置管理

1. 定置管理的概念

定置管理是全面质量管理中的一种方法，它强调生产现场中人、物的有机结合，各种原料、材料、工具、器具实行分类管理、定置摆放，做到人定岗、物定位，以利于提高工效、提高产品质量。把定置管理移植到企业安全生产管理上，能进一步深化安全生产工作，而且已在一些企业取得成功，表明这是可行的、有效的。一般来说，现场中人与物的相互关系处于3种状态：

(1) 人与物处于立即结合状态，即需要随手可以拿到的状态。

(2) 人与物处于欲结合状态，即找一找能拿到的状态。

(3) 人与物处于无关状态，即现场的某些物品在生产中和人是无关系的或是多余的。

班组或班组定置管理最重要的一条是找出处于人与物无关状态的物品，并把它从生产现场清除出去，同时对人与物欲结合状态进行改善，使其达到人与物处于立即结合状态，并保持下去，形成标准化作业程序。

2. 定置管理的实施

定置管理的实施应分为两步。第一步是整理现场，即对现场放置的全部物品进行清点整理，把不需要的物品予以清除或送到指定地点，把需要的物品全部进行擦洗，按人与物的结合状态划分区域和物品定置位置。整理后的现场应清洁、整齐、合理、有序。第二步是物品定置，人员定岗，控制点定标志，危险品定储量，A、B、C、D定状态。下面就第二步的"五定"作具体说明。

(1) 物品定置。就是根据定置管理的要求，按照"要用的东西随手可得，不用的东西随手可丢"的原则，把不同类型和不同用途的物品放在指定的位置或区域，使操作人员能够做到忙而不乱、紧张有序。

(2) 人员定岗。就是人与操作岗位的有机结合。岗位既定，操作人员就不得随意串岗或脱岗。对于某些危险品生产区，要有严格的定员定量规定，保证危险工序必需的操作人员，发生燃烧、爆炸事故时尽可能把伤亡和损失减到最小，降到最低。

(3) 控制点定标志。就是对一、二、三级危险点的控制设置明显标志牌，上面写有简明的安全要求、危险等级和安全负责人，以利于随时提醒操作人员安全作业、形成条件反射，避免操作失误，这有利于安全管理部门对重点危险部位进行监督和控制。

（4）*危险物品定储量*。就是对易燃易爆或有毒物品规定其存放量，并定在醒目的标志牌上，警告人们注意安全，这也便于安全管理部门监督检查。

（5）*A、B、C、D 定状态*。就是按照定置管理要求和人与物的关系紧密程度，把作业现场经过定置后的物品划分成 A、B、C、D 4 种状态，以便于区分和寻找。A、B、C、D 4 个字母是状态信息标志，便于操作人员、检验人员、管理人员在工作中能够做到保持优良的 A 状态（在加工）、迅速找到的 B 状态（待加工）、及时处理的 C 状态（已加工）、不断清理的 D 状态（报废或返修），从而进一步提高工作效率，保持作业场所的整洁。

实施以“五定”为主要内容的定置管理，把安全管理和质量管理有机地结合起来，使操作者在一个良好的、有安全保障的环境中进行操作，达到如下 6 个方面的良好效果：第一，使生产现场的人员、机械设备、物料、管理、环境始终处于一个科学的、合理的紧密结合状态，为实现安全文明生产奠定了良好的基础；第二，彻底改变了某些企业原来的脏、乱、差面貌，使人流、物流、人员岗位、物品位置都清清楚楚，井井有条，一目了然，一切都按一定的程序进行和发展；第三，便于企业的安全、质量、工艺、设备、物资等项管理融合在一起，同时进行、互相促进，形成了全方位的安全管理；第四，整洁有序的物品摆放和规范化的现场管理给操作者创造了良好的心理环境，操作者普遍感到“看起来顺眼，说起来顺口，干起来顺心，拿起来顺手”，大大减少了人机事故；第五，使员工养成良好的清洁文明习惯，不仅在生产现场做到了定置定位，办公室的用品和家庭的个人用品也能定置定位，提高了人员素质；第六，增强了员工维护和保持作业场所文明生产的责任感，提高了员工为集体增光的荣誉感。

第五章 班组安全文化建设

第一节 班组安全文化建设的方法

一、班组安全文化建设的目标

班组安全文化建设的目标是：班组内团结协作、相互尊重，对违章作业及时制止，相互帮助、共同学习技术业务，自觉遵章守纪，保证班组作业安全。

二、班组安全文化建设的主要内容

实践表明，班组安全文化不仅包括班组安全物质文化和班组安全精神文化，还应进一步细化为班组安全物质文化、班组安全制度文化、班组安全观念文化和班组安全行为文化 4 个部分，班组安全文化建设应该从以下 4 个方面入手。

1. 建设稳定可靠的安全物质文化

（1）加强“三同时”审查，确保新建、改建、扩建装置安全。

（2）加快隐患治理，确保现有装置安稳运行。

（3）开展现场管理工作和清洁生产，建设一个安全舒适的物质安全文化环境。

2. 建设切实可行的安全制度文化

（1）将国家、省（市）及企业现有的安全卫生制度落到实处。

（2）对有关安全制度进一步加以修订、充实和完善。

（3）编写班组安全制度。

（4）制定相应的安全奖罚条例。

3. 建设形式多样的安全观念文化

（1）对现有的安全管理经验加以规范整理，发扬光大。

（2）开展安全文学、艺术的创作。

（3）对安全知识和三级安全教育的内容进行更新和整理。

（4）开展安全知识、安全技术的普及工作。

4. 建设规范有序的安全行为文化

（1）加强职业安全道德教育，做到“三不伤害”。

（2）狠反习惯性违章，树立良好工作习惯。

（3）树立安全先进个人和集体的典型，做到“以点带面”。

（4）加强精神文明建设，制定组员的安全行为准则。

随着企业经营机制转化和现代企业制度的逐步实施，企业的安全生产所面临的任务将更加繁重，安全生产的难度也越来越大，“班组安全文化”建设的内容会得到不断充实提高。

安全生产是企业各项工作的基础，是促进企业稳步发展的重要条件，是企业不可动摇的永恒主题。人是实现安全生产的关键，因此通过文化途径，对人实施和强化宣传教育，提高人的安全文化素质，是实现企业安全生产的根本之所在。

三、班组安全文化建设的途径与方法

班组安全文化建设的主要途径是选配素质高的班组长，明确企业方针目标，完善激励机制，开展良好的民主管理，有效地提高员工素质等。主要方法是要有健全的企业工作标准程序，使每项内容取得良好效果。

（1）选配班长是关键，班组长应具有以下素质：有较强的责任心，不计名利，有上进心，不怕苦与累，技术过硬，在各项考核中成绩突出，违章违纪少，有一定口才，爱好广泛，群众关系好，能尊重他人。在选配班组长过程中必须做到公开和尊重员工意见，应制定相应程序并形成企业标准。班组长工作方法应以尊重他人和主动帮助他人为主，在批评时应注意采用灵活的方法，在生产中指挥准确。班组长的工作方法要在实践中去学习，及时进行指导和培训。指导和培训应形成制度，保证每年有2~3次。

（2）企业方针目标明确、实际，便于员工接受，并定期组织学习和培训，激发员工实现目标的积极性。

（3）要有健全的激励机制，采用多种形式及时肯定员工的工作成绩，做到物质和精神奖励并重。激励机制的透明度要高，做到简单、明了，便于员工掌握。

（4）加强民主管理从两个方面完成。在班组内应充分发扬民主，体现出员工是班组的一员，形成人人为班组做实事的局面。在企业管理中要保证员工的民主权利，对于合理化建议要给予充分重视，保护员工关心企业的积极性。在这两个方面企业要形成制度，不走过场。

（5）提高员工素质从技术素质和责任心两方面进行，每季度应组织一次以上的技术学习，定期组织广泛的技术竞赛，激发员工的自我进取精神，及时用各种事故来教育员工，做到警钟长鸣。要正确引导员工开展丰富的文体活动，在活动中要注意打破行政班组的界限，鼓励员工参加组织工作。

四、班组安全文化建设示例

1. 员工要求

安全管理大师海因里希认为，88%的事故都是由人的原因引起的，人因是安全系统的首要保障和关键因素。因此，员工仅仅具有安全生产的能力还不够，依据应急管理理论，应对班组员工素质的要求进行扩展，力使班组中每一个员工必须具备事故超前预防能力、紧急状态处置能力和事故自救互救能力。

（1）事故超前预防能力。通过班组学习帮助员工掌握事故隐患的辨识方法，提高安全生产知识；同时通过事故案例警示教育法，用真实的事例教育打动员工，在班组提升警示的氛围。员工要在班前会上做好安全总结和交接工作，在贯彻规章制度的同时，讲清下班工作安全注意事项。同时通过班前讨论，提升员工事前预防的技能，强化员工对危险因素的辨识能力。一方面通过班组学习和班前会加强员工作业前的预防知识，另一方面通过安全预测、预报制度等方法强化员工的预防意识。

（2）紧急状态处置能力。紧急状态指的是事故或者意外事件发生时的状态，在这种情况下事故现场并没有达到一种无法控制的状态，而能否有效避免事故恶化或者消除事故，现场人员的紧急状态处置能力就起着至关重要的作用。因此应采取切实有效的方法，全方位提高矿工的紧急状态处置能力。

（3）事故自救互救能力。自救互救是发生事故后降低危害结果的最直接、最有效的措施。

2. 岗位建设

安全管理理论认为安全管理的要素是人—机—环—管，在班组中人的关键是班组长，机的表现为员工的安全装备，环是班组生产过程中的技术环境，管则主要体现在岗位的作业规程的落实上。

（1）班组长安全素质达标。班组长既是班组活动的执行者和参加者，也是班组活动的组织者和管理者，集“兵”与“将”的双重职责于一身，在班组建设中具有重要的意义。因此对班组长安全素质的要求，选拔的原则和方法，以及对班组长的培养和激励，应当有一套行之有效的管理方法。

（2）安全装备达标。要保证安全装备达标，主要从以下三个方面入手：推广开展设备本质安全项目，加大对员工自身安全装备的投入，加强对员工安全设备的管理。

（3）岗位安全环境达标。环境是安全管理中又一重要要素，岗位安全环境指的是班组工作岗位的客观技术环境。例如，测井作业过程中如遇有六级以上大风、暴雨、雷电、大雾等恶劣天气时，禁止作业。

（4）现场管理达标。现场管理规范是安全生产的最基本保障，包括现场管理达标竞赛活动、安全质量动态评估和安全确认以及“安全三部曲”的实施。“安全三部曲”即：一动脑筋想（对班组长：怎么派活最安全，以人择岗保安全；对矿工：动脑子想法干安全活，保个人和工友平安）；二用眼睛看（认真查看岗位有无隐患，仔细看，看出问题，解决问题，处理问题保安全）；三按规程干（先处理环境安全隐患，而后才能专心致志按规程干）。培养员工按程序操作的意识，保证了现场作业规程达标。

3. 作业现场系统工程

通过现场管理规范化阻止能量意外释放的可能，通过员工操作过程的标准化和制度执行准军事化减少人员操作失误，通过设备操作程序化和工作考核严格化提升班组的凝聚力。

（1）现场管理规范化。现场管理规范化就是为了阻止能量的意外释放，而阻止能量意外释放的一个有效手段就是改变物的不安全状态，在班组日常的工作环境中，固定设备、流动设备、生产所需的原材料如果没有一定的标准，随意摆放，就可能引起能量意外释放，从而导致事故的发生。因此应当总结经验或借鉴其他企业先进的、科学的、规范的现场安全管理方法。

（2）行为养成准军事化。准军事化管理的基本内涵就是非军事单位仿效军队管理的模式，实行内部规范化管理，它比一般的管理要求更严格，内容更规范，标准更高。目的在于用军队的管理思想来提升企业的管理效能，用军队的管理手段来锻造过硬的员工队伍，用军人的作风来培养员工的执行力。

（3）班组行动团队化。杜邦公司在200余年的安全管理中总结了安全文化发展的4个阶段：本能安全的被动性、监督下安全的依赖性、个人主动安全的独立性和班组安全的团队性。事故指标随发展阶段的前进而大幅度降低。班组安全互助团队管理表现出的特征是：员工不但自己遵守而且帮助别人遵守各项规章制度，不但观察自己岗位而且留心他人岗位的不安全行为和条件；员工将自己的安全知识和经验分享给其他同事；关心其他员工，关注其他员工的情绪变化，提醒安全操作；员工将安全作为一项集体荣誉。

（4）生产操作程序化。班前会上安全确认，班组长在班前会上针对前班工作总结现场工作要点，指出设备可能存在的问题，提出解决的办法；在现场操作设备之前，员工们要在班组长带领下，对机电设备、仪器仪表的状况进行安全确认，避免机器带病作业，保证设备可靠、灵活；同时，还要对各种安全保护、防护装置的完好和可靠程度进行安全确认，根据检查的情况填写安全确认卡，做好安全防范工作。

手指口述是在保证安全作业的行为习惯中的一种眼看、心想、手指、口述联动的确认办法。手指口述主要是针对作业者操作失误造成的事故这一现实提出的。操作失误往往是由于作业者恍惚、发呆、遗忘、不留神、想当然等造成注意力不集中、判断失误而形成的。这种情况，几乎每个人都会发生。手指口述，就是每个作业者对可能发生引发危险的每个操作行为，都要通过手指口述进行安全确认。

为了能够进一步保证设备操作程序化，同时还实行设备巡检维修制、包机责任制，对设备按规定、按标准进行定期试验，例如，试验机械使用性能，并且做好记录，保证设备的准确无误和有效使用。

（5）班组考核严格化。建立严格的班组绩效考核评价体系，将班组工作质量、工作数量、工作效率、安全等指标有效联挂，作为评价班组整体工作价值的标准，通过评价和沟通的过程，有效提高了班组员工对工作的关注态度和完成程度，做到互促互补、共同进步。建立员工安全职业健康档案，实施全过程考核，通过记录员工的“三违”、工伤等情况，采取停工学习、兑现处罚、井口喊话、班前会讲评等形式，激励和教育员工不断提高安全生产意识。

第二节 开展丰富的班组安全活动

一、创安全合格班组活动

1. 创安全合格班组活动的重要意义

班组是企业最基层的组织单元，也是安全生产的基础。据资料统计，90% 的事故发生在班组。因此，搞好班组建设，开展创安全合格班组活动，对搞好安全生产，具有十分重要的意义。

2. 开展创安全合格班组活动的方法

大力宣传、推广安全合格班组，是各级领导的责任。党政工团各个部门都应利用自己掌握的宣传工具，利用一切可以利用的场合，广泛地宣传搞好安全合格班组的重要性、安全合格班组的要求，介绍搞得好的班组，同时对碰到的一些具体问题应进行指导、解决。

宣传切忌空洞说教，应从员工的切身利益说起，使他们切实感到这样做对国家、对自身有百利而无一弊，从而使他们由被动地“要我这样做”转变为自觉地“我要这样做。”既可以从安全与员工的生命健康的关系、与家庭幸福的关系进行宣传，还可以从安全与员工的经济利益、与国家的发展、对后一代的影响进行宣传，从职业道德、安全法规对人的要求等方面进行宣传。总之是要造成一种气氛，使人人了解安全合格班组的意义、安全合格班组的要求，并按照要求去做。

当然，创安全合格班组光靠宣传还不够，还必须有一个负责实施的部门。

首先应根据本地区的社会环境、本单位的安全生产状况、班组安全工作状况等，制定安全合格班组条件，发到下一级的负责机构及班组，组织他们进行充分的研究，根据研究情况，进行综合整理分析，从而制定出较完整、较切合实际的安全合格班组条件。由于理论上与实际总有些距离，故在安全合格班组条件试行一段时期后，可根据反馈的情况，再作一次修订。

需要注意的是，这里所指的切合实际，并不是降低条件，条件是需要通过努力才能达到的，因此它必须高于目前的安全管理水平，并努力向标准化靠拢，至少应反映出本企业的安全管理先进班组的水平，按这个条件实行一段时间，整个企业的班组管理水平得到提高后，即可修订条件，将其提到一个新的水准。这样经过反复几次，班组安全管理水平就会大大提高。

有了条件和宣传气氛，就可开始开展创安全合格班组活动。由于条件的水准较高，符合条件的班组相对来说不会很多，但一定会有很多班组来竞争。组织者要善于利用这种情况，运用各种方法来鼓励大家竞争，在企业内掀起一个争当安全合格班组的竞赛热潮。应及时地将竞赛情况运用各种方法，传达给每一个员工，并及时地报道竞赛中涌现的一些先进事迹。使班组始终感到竞赛浪潮的冲击，激励班组投入竞赛。作为班组长更应主动地带领全班人员积极参加竞赛，开展争创安全合格班组活动。

在创安全合格班组活动中，还要防止按比例分配现象。因为这样做不是使达到条件的班组评不上安全合格班组，就是使不合条件的班组被评上安全合格班组。这两个结果都不利于争夺安全合格班组活动的正常开展，同样，对已评上的安全合格班组，若发生什么不合条件的事情，也应毫不留情地取消他们的安全合格班组称号。

为了使活动搞得生动活泼，同时又使被评上的班组有较高的水准，评选安全合格班组活动应作为一项经常性的工作，可半年或一年进行一次，由各单位视具体情况而定。

3. 安全合格班组的条件

(1) 认真学习并贯彻执行安全生产方针政策。

(2) 实行目标管理。

(3) 严格执行安全生产规章制度。

(4) 做好文明生产。

(5) 有正常的安全活动。

(6) 生产任务完成好。

二、其他班组安全活动

1. 开展班前“三讲”活动

在开始工作之前，班组长组织全体成员进行“三讲”活动，即：

(1) 讲上一班完成任务情况，对员工尤其是对优秀员工的表现要进行讲评。

(2) 讲安全规程和应当注意的事项。

(3) 讲清当班任务和具体要求。

2. 开展伤害预知预警活动

伤害预知预警活动是针对生产作业环境的特点和作业工艺的全过程，以其危险性为对象，以作业班组为基本组织形式而开展的一项安全教育和训练活动，它是一种群众性的自我管理活动，目的是控制作业过程中的危险，预测和预防可能发生的事故。

3. 开展安全“信得过”活动

(1) 活动内容：在班组对设备、工艺、操作、纪律等方面实现安全生产“信得过”。

(2) 活动方式：落实“四一”工作程序法，班组一日一考核，一周一汇总；小队一月一检查，一季一总结；大队半年一次检查验收；分公司半年一次联合验收。

(3) 活动目的：保障工作环境安全，养成良好的工作习惯和生活习惯，达到提高工作效率和员工安全素质，确保安全生产的目标。

（4）活动对象：班组全员。

（5）组织人员：党政负责，企管部门、安全部门与班组系统联合。

（6）关键点：形式与内涵相结合。

4. 班组安全“建小家”活动

（1）活动内容：班组活动室的卫生文明建设。

（2）活动方式：组织全体成员对环境、物态进行文明卫生建设。

（3）活动目的：创造卫生文明环境，形成一种环境的行为约束力，使员工自觉地执行安全文明的行为规范，对不安全行为形成一种无形的约束力。

（4）活动对象：全体成员。

（5）活动地点：班组活动室。

（6）组织部门：车间或班组。

5. 班组安全活动做到“六落实”

班组安全活动要做到内容、任务、措施、责任人、检查验收和评比考核“六落实”。在班组安全活动中，明确安全活动的内容和任务及责任人，制定安全活动的措施，执行班组安全活动的检查验收工作，落实班组评比考核，进一步规范和强化班组安全管理。

第六章 安全生产技术基本知识

第一节 电气安全技术知识

一、触电

人体是导体，当人体接触到具有不同电位两点时，由于电位差的作用，就会在人体内形成电流。这种现象就是触电。

二、电流对人体造成的伤害

电流对人体的伤害有两种类型：电击和电伤。电击指电流通过人体内部，影响呼吸、心脏和神经系统，引起人体内部组织的破坏，以致死亡。电伤主要对人体外部的局部伤害，包括电弧烧伤、熔化金属渗入皮肤等伤害。这两类伤害在事故中也可能同时发生，尤其在高压触电事故中比较多，绝大部分属电击事故。电击伤害严重程度与通过人体的电流大小、电流通过人体的持续时间、电流通过人体的途径、电流的频率以及人体的健康状况等因素有关。

三、触电事故的种类

从人体触及带电体的方式和电流通过人体的途径，触电可分为如下 3 类：

（1）单相触电：人站在地上或其他导体上，人体某一部分触及带电体。

（2）两相触电：人体两处同时触及两相带电体。

（3）跨步电压触电：人体在接地体附近，由于跨步电压作用于两脚之间造成。当人的两脚站在呈现不同电位的地面上时，两脚之间承受电位差。若电力系统一相接地或电流自接地体向大地流散时，将在地面上呈现不同的电位分布。人的跨距一般取0.8 m，在沿接地点向外的射线方向上，距接地点越近，跨步电压越大；距接地点越远，跨步电压越小；距接地点 20 m 外，跨步电压接近于零。

四、常见触电事故的主要原因

常见触电事故的主要原因如下：

（1）电气线路、设备检修中措施不落实。

（2）电气线路、设备安装不符合安全要求。

（3）非电工任意处理电气事故。

（4）接线错误。

（5）移动长、高金属物体触碰高压线。

（6）在高位作业（天车、塔、架、梯等）误碰带电体或误送电触电并坠落。

（7）操作漏电的机器设备或使用漏电电动工具（包括：设备、工具无接地、接零保护措施；设备、工具已有的保护线中断；电钻等手持电动工具电源线松动；水泥搅拌机等机械的电机受潮；打夯机等机械的电源线磨损；浴室电源线受潮；带电源移动设备时损坏电源绝缘；电焊作业者穿背心、短裤，不穿绝缘鞋，汗水浸透手套，焊钳误碰自身；湿手操作机器按钮等）。

（8）因暴风雨、雷击等自然灾害导致。

（9）现场临时用电管理不善导致。

（10）人的不当行为导致（包括：盲目闯入电气设备遮栏内；搭棚、架等作业中，用铁丝将电源线与构件绑在一起；遇损坏落地电线用手拣拿等）。

五、预防触电的主要措施

预防触电的主要措施如下：

（1）电气作业人员对安全必须高度负责，应认真贯彻执行有关各项安全操作规程，安全技术措施必须落实。安装电气必须符合绝缘和隔离要求，拆除电气设备要彻底干净。对电气设备金属外壳一定要有效接地。电气作业人员要正确使用绝缘的手套、鞋、垫、夹钳、杆和验电笔等安全防护品与工具。

（2）加强全员的防触电事故教育，提高全员防触电意识；健全安全用电制度；严禁无证人员从事电工作业；使用电气设备要严格执行安全规程。

（3）针对发生触电事故高峰值带有季节性的特点做好防范工作。据有关资料表明，6、7、8、9 月发生的触电事故占全年发生数的 70% 左右，而 7 月发生数又占事故高峰期的 40% 以上。在高温多雨季节到来以前，要全面组织好电气安全检查，对流动式电动工具要列入重点检查。也要做好日常对电气的保养、检查工作。

六、接地和接零相的不同之处

保护接地和保护接零是维护人身安全的两种技术措施，其不同之处是：

（1）保护原理不同。低压系统保护接地的基本原理是限制漏电设备对地电压，使其不超过某一安全范围；高压系统的保护接地，除限制对地电压外，在某些情况下，还有促成系统中保护装置动作的作用。保护接零的主要作用是借接零线路使设备潜心电形成单相短路，促使线路上保护装置迅速动作。

（2）适用范围不同。保护接地适用于一般的低压不接地电网及采取其他安全措施的低压接地电网；保护接地也能用于高压不接地电网。不接地电网不必采用保护接零。

（3）线路结构不同。保护接地系统除相线外，只有保护地线。保护接零系统除相线外，必须有零线；必要时，保护零线要与工作零线分开；其重要的装置也应有地线。

七、对触电者的救护方法

急救触电者，首先应立刻断开近处电源（拉闸、拔插销），如触电距电源开关处太远，要用绝缘物拉开触电者或挑开电线，切忌直接用手或金属材料及潮湿物件进行救护，以防止二次触电事故。若触电者在高处，应考虑防摔措施。人触电之后，会出现神经麻痹、呼吸中断、心脏停止跳动、昏迷不醒等现象，不一定是触电者已死亡，曾有触电者经数小时的人工呼吸而得救。对触电者进行救护，实例表明使用口对口人工呼吸效果好，同时可进行胸外心脏按压。

第二节 防火防爆安全技术知识

一、火灾基本知识

1. 火灾及其类型和原因

火灾通常指违背人们的意志，在时间和空间上失去控制的燃烧所造成的灾害。火灾按着火可燃物类别，一般分为 5 类：可燃气体火灾、可燃液体火灾、固体可燃物火灾、电气火灾、金属火灾。火是一种自然现象，而火灾大多是一种社会现象，引起火灾的原因，虽也有自然因素，如雷击、物质自燃等，但主要还是由于人的因素。引起火灾的直接原因很多，但无论哪一条原因，几乎都同人们的思想麻痹息息相关。

2. 物质燃烧的三个基本条件

物质燃烧具备的三个基本条件是：

（1）可燃物：有气体、液体和固体三态，如煤气、汽油、木材、塑料等。

（2）助燃物：泛指空气、氧气以及氧化剂。

（3）着火源：如电点火源、高温点火源、冲击点火源和化学点火源等。

以上三个条件，必须同时具备，并相互结合、相互作用，燃烧才能发生。

3. 常见火灾发生的火源

常见火灾发生的火源如下：

（1）炉灶设备位置不当，靠近可燃物。

（2）烟囱设备不当，靠近可燃物。

（3）使用炉火不慎，无人管理。

（4）小孩玩火。

（5）在堆放可燃物附近燃放花炮、吸烟。

（6）使用灯火不慎。

（7）烧渣积肥。

（8）烘烤。

（9）烟囱飞火、蹿火。

（10）死灰复燃。

（11）电气设备安装使用不当。

（12）机器摩擦发热。

（13）熬炼。

（14）焊接。

（15）静电放电。

（16）粉尘爆炸着火。

（17）违反操作规程，将可相互产生化学反应放热作用的物品混放在一起。

二、做好防火工作的主要措施

在企业生产环境中，做好防火工作的主要措施如下：

（1）建立、健全防火制度和组织。

（2）加强宣传教育与技术培训。

（3）加强防火检查，消除不安全因素。

（4）认真落实防火责任制度。

（5）配备好适用、足够的灭火器材。

三、扑救火灾的方法

扑救火灾一般有3种方法：

（1）隔离法：将可燃物与火隔离。

（2）窒息法：将可燃物与空气隔离。

（3）冷却法：降低燃烧物的温度。

四、装卸易燃易爆化学物品的安全要求

装卸易燃易爆化学物品的安全要求是：

（1）在装车、装船前，应将车厢、船舱内的杂物打扫干净，防止有残留物。

（2）搬运时，要轻拿轻放，不准拖、拉、抛、滚。

（3）不应用电瓶铲车装卸，配合工作车辆有阻火器、防爆装置。

（4）如遇有闪电、雷击、雨雪天气，应立即关闭车厢、船舱门停止作业。作业照明不准使用明火用具，应用防爆灯具。

（5）在高温季节作业，必须避开烈日暴晒。

（6）作业人员不得携带火种或穿带铁钉的鞋进入作业现场。

（7）在装卸可燃、易燃液体、气体前，检查现场有无水源，灭火器材是否完好，防护用具是否备好，其管道、设备导除静电的装置是否完好等，确认安全可靠才可进行。

（8）装卸完毕，检查有无泄漏情况，应将车厢、船舱内和现场的残存物彻底清除干净。

五、火灾的扑救

1. 扑救电气火灾的灭火器

电气火灾灭火用“211”或干粉灭火器、二氧化碳灭火器效果好，因为这三种灭火器的灭火药剂绝缘性能好，不会发生触电伤人事故。

2. 不能用水扑救的火灾

在生产过程中如果发生如下性质的火灾不能用水扑救：

（1）碱金属的金属锂、钠、钾等，碱土金属类的金属镁、锶等。

（2）碳化物类的碳化钙等，其他碳化碱金属如碳化钾、碳化钠等。

（3）氢化物类的氢化钠等。

（4）硫酸、硝酸、盐酸。

（5）轻于水和不溶解于水的易燃液体。

（6）熔化的铁水、钢水。

（7）高压电气装置的火灾，在没有良好接地设备或没有切断电源的情况下引起火灾等。

3. 干粉灭火剂的适用范围

干粉灭火剂主要适用于扑救易燃液体、可燃气体和电气火灾，有的还适用于扑救木材、轻金属和碱金属火灾。

六、爆炸基本知识

1. 爆炸浓度极限

可燃气体、蒸气和粉尘与空气（或助燃气体）的混合物，必须在一定的浓度范围内，遇到足以起爆的火源才能发生爆炸。这个可爆炸的浓度范围，叫做该爆炸物的爆炸浓度极限。

2. 爆炸温度极限

可燃液体在一定温度下，由于蒸发而形成等于爆炸浓度界限的蒸气浓度，这时的温度即为爆炸温度极限。

3. 爆炸上限和下限

当空气中含有最少量的可燃物质所形成的混合物浓度，遇起爆火源可爆炸时，这个最低浓度，叫做爆炸下限；当空气中含有最大量的可燃物质形成的混合物浓度，遇起爆火源可爆炸时，这个最高浓度叫做爆炸上限。爆炸温度极限与爆炸浓度极限一样，也有上限和下限。其下限即液体闪点温度，等于爆炸浓度下限的蒸气浓度；爆炸温度上限，即液体在该温度下蒸发出爆炸浓度上限的蒸气浓度。当可燃物质浓度低于下限或大于上限均不爆炸或燃烧。但超过极限浓度的可燃物，若有新鲜空气渗入，则爆炸危险依然存在。

4. 粉尘爆炸的过程

粉尘爆炸大致有三步发展形成过程：一是悬浮粉尘在热源作用下迅速地被干馏或气化而产生出可燃气体；二是可燃气体与空气混合而燃烧；三是粉尘燃烧放出热量，以热传导和火焰辐射方式传给附近原来悬浮着的或被吹扬起来的粉尘，这些粉尘受热汽化后使燃烧循环持续进行下去，随着每个循环的逐项进行，其反应速度也逐渐增大，通过激烈的燃烧，最后形成爆炸。

七、可燃气体、蒸气及可燃粉尘爆炸事故危害特点

这类爆炸事故发生在一瞬间，产生大量热能，还可伴随着火灾、坍塌、物体打击等伤害，对在场人员突然袭击，容易造成群死群伤严重后果。在抢救过程中，常因出现连锁爆炸危及救护人员。

八、防范其他爆炸事故的主要措施

（1）加强生产、作业场所的管理和设备维护，消除跑、冒、滴、漏现象。

（2）易燃易爆场所按国家规定配备隔爆设施，加强治理。

从设计和工艺上不断改进，使用危险因素小的能源和原料。

(3) 严格控制各类火源。必须认真落实动火审批制度，要充分做好动火前对设备的置换、检测、现场清理等工作。对危险物品密布的环境，坚决不准动火。要勤检查，严格控制各类其他火源，发现隐患及时消除。

(4) 加强安全教育提高有关作业人员安全意识和自保意识。掌握抢救知识，学会正确使用防护、救护器材。

(5) 岗位配备好应有的灭火器材、防毒用具，专人负责管理，确保随时都能有效使用。

第三节　锅炉及压力容器安全技术知识

一、锅炉事故分类

锅炉事故按设备损坏程度可分为三大类：

(1) 爆炸事故。锅炉在使用中受压部件发生破裂，使锅炉压力突然降到等于外界大气压力的事故。

(2) 重大事故。锅炉受压部件严重损坏（如变形、渗漏），附件损坏或炉膛爆炸等被迫停止运行，必须进行修理的事故。

(3) 一般事故。锅炉损坏不严重，不需要停止运行进行修理的事故。

二、锅炉的安全装置和保护装置

锅炉的安全附件有安全阀、防爆门、水封安全器、高低水位控制报警器。

锅炉的安全仪表有流量表、压力表、温度表、运程控制仪表、水位表和保护装置等。

锅炉应装的保护装置：额定蒸发量不小于 2 t/h 的锅炉，应装设高低水位报警器、低水位连锁保护装置；额定蒸发量不小于

6 t/h 的锅炉，还应装设蒸汽超压的报警和连锁保护装置。

用煤粉、油或气体作为燃料的锅炉，应装设点火程序控制和熄火保护装置。

三、常压锅炉也会发生爆炸

茶炉、浴炉、无压采暖锅炉均不承受压力的锅炉，统称为常压锅炉。近年来多次发生常压锅炉爆炸事故，其原因均是由于非承压锅炉变承压锅炉造成。

究其主要原因是安装不合理，锅炉排气管加装了阀门；排气管直径小于 38 mm 或出口被堵死；使用不当，非承压锅炉作为承压锅炉使用；因结构不合理，一炉多用或操作不当造成爆炸。

四、压力容器的定义

压力容器泛指工业生产中用于完成反应、传热、传质、分离和贮运等生产工艺过程，并承受一定压力的容器，如反应容器、换热容器、分离容器和贮运容器等。由于生产过程的多种需要，压力容器的种类繁多，具体结构也多种多样。但其共同的特点是它们都有一个承受一定压力的各种不同形状的外壳。

我国《锅炉压力容器安全监察暂行条例》把压力容器定义为“压力为一个表压以上的各种压力容器”，并明确规定，设计、制造、安装、使用、检验、维修、改造等部门必须遵照执行。

我国压力容器分为固定式压力容器和移动式压力容器，包括各类气瓶（无缝气瓶、有缝气瓶、溶解乙炔气瓶、液化石油气瓶）、液化气体汽车槽车、铁路罐车。

五、压力容器爆炸的危害

爆炸是指极其迅速的物理的或化学的能量释放过程。压力容器破裂分为物理爆炸现象和化学爆炸现象。所谓物理爆炸现象是容器内高压气体迅速膨胀并以高速释放内在能量。化学爆炸现象还有化学反应高速释放的能量，其爆炸危害程度往往比物理爆炸现象严重。容器破裂时的危害，通常有下列几种：

（1）碎片的破坏作用。高速喷出的气体的反作用力把壳体向破裂的相反方向推出。有些壳体则可能裂成碎块或碎片向四周飞散而造成危害。

（2）冲击波危害。容器破裂时的能量除了小部分消耗于将容器进一步撕裂和将容器或碎片抛出外，大部分产生冲击波。冲击波可将建筑物摧毁，使设备、管道遭到严重破坏，远处的门窗玻璃破碎。冲击波与碎片的危害一样可导致周围人员伤亡。

（3）有毒介质的毒害。盛装有毒介质的容器破裂时，会酿成大面积的毒害区。有毒液化气体则蒸发成气体，危害很大。一般在常温下破裂的容器，大多数液化气体生成的蒸气体积约为液体的两三百倍。如液氨为 240 倍，液氯为 150 倍，氢氰酸为 200 ~ 370 倍，液化石油气为 180 ~ 200 倍。有毒气体在大范围内导致生命体的死亡或严重中毒。如 1 t 液氯容器破裂时可酿成 8.6×10^4 m^3 的致死范围，5.5×10^6 m^3 的中毒范围。

（4）可燃介质的燃烧及二次空间爆炸危害。盛装可燃气体、液化气体的容器破裂后，可燃气体与空气混合，遇到触发能量（火种、静电等）在器外发生燃烧、爆炸，酿成火灾事故。其中可燃气体在器外的空间爆炸，其危害更为严重。液态烃汽化后的混合气体爆炸燃烧区域，可为原有体积的 60000 倍。例如，一台盛装 1600 m^3 乙烯的球罐破裂后燃烧区范围可达直径 700 m、高 350 m，其二次空间爆炸的冲击波可达十余公里。这种危害绝非蒸汽锅炉物理爆炸所能比拟的。

六、气瓶漆色的作用

国家法规和标准规定气瓶要漆色，包括瓶色、字样、字色和色环。气瓶漆色的作用除了保护气瓶、防止腐蚀、反射阳光等热源、防止气瓶过度升温以外，还为了便于区别、辨认所盛装的介质，防止可燃或易燃、易爆介质与氧气混装，形成混合气体而发生爆炸事故，有利于安全。

七、气瓶安全使用注意事项

1. 搬动和运输气瓶的注意事项

搬动和运输气瓶应小心谨慎，否则容易造成事故，具体要注意以下事项：

（1）搬动、运输、装卸气瓶的管理、操作、押运和驾驶人员，应学习并熟练掌握气瓶、气体的安全知识，消防器材和防毒面具的用法。

（2）气瓶应戴瓶帽，最好戴宏大定式瓶帽。保护瓶阀，避免瓶阀受力损坏。

（3）短距离移动气瓶，最好使用专用小车。人工搬动气瓶，应手搬瓶肩，转动瓶底，不可拖拽、滚动或用脚蹬踹。

（4）应轻装轻卸，严禁抛、滑、滚、撞。

（5）吊装时应使用专门装具，严禁使用电磁起重机、链绳吊装，避免吊运途中滑落。

（6）航空、铁路、公路、水运气瓶，应遵守相应的专业规章的规定。

（7）装运气瓶应妥善固定。汽车装运，一般应立放，车厢高度不应低于瓶高的2/3；卧放时，气瓶头部（有阀端）应朝向一侧，垛放高度应低于车厢高度。

（8）运输已充气的气瓶，瓶体温度应保持在40 ℃以下，夏天要有遮阳设施，防止暴晒，炎热地区应夜间运输。

（9）同一运输舱内（如车厢、集装箱、货仓）应尽量装运同一种气体的气瓶。严禁将容易起化学反应而引起爆炸、燃烧、毒性、腐蚀危害的异种气体气瓶同仓运输；严禁易燃物、油脂、腐蚀性物质与气瓶同仓运输。

（10）运输气瓶的舱室严禁烟火。应配备灭火器材（乙炔瓶不准使用四氯化碳灭火器）和防毒面具。

（11）运输气瓶的车辆，途中休息或临时停车，应避开交通要道、重要机关和繁华地区，应停在准许停靠的地段或人烟稀少的空旷地点，要有人看守，驾驶员和押运员不得同时离车。

（12）在运输途中如发生气瓶泄漏、燃烧等事故时，不要惊慌，车应往下风方向开，寻找空旷处，针对事故原因，按应急方案处理。

（13）运输车辆或舱室应张挂安全标志。

2. 使用气瓶的注意事项

（1）使用气瓶者应学习气体与气瓶的安全技术知识，在技术熟练人员的指导、监督下进行操作练习，合格后才能独立进行气瓶作业。

（2）使用前应对气瓶进行检查，确认气体、气瓶确是所需且质量完好，方可使用。如发现气瓶颜色、钢印等辨别不清，检验超期，气瓶损伤（变形、划伤、腐蚀），气体质量与标准规定不符等现象，应拒绝使用并作妥善处理。

（3）按照规定，正确、可靠地连接调压器、回火防止器、输气、橡胶软管、缓冲器、汽化器、焊割柜等，检查、确认没有漏气现象。连接上述器具前，应微开瓶阀吹除瓶阀出口的灰尘、杂物。

（4）使用气瓶时，一般应立放（乙炔瓶严禁卧放使用）。不得靠近热源，与明火距离、可燃与助燃气体气瓶之间距离，不得小于 10 m。

（5）使用易起聚合反应气体气瓶，应远离射线、电磁波、振动源。

（6）防止暴晒、雨淋、水浸。

（7）移动气瓶应手搬瓶肩转动瓶底；移动距离较远时可用轻便小车运送，严禁抛、滚、滑、翻、肩扛、脚踹。

(8) 禁止敲击、碰撞气瓶。绝对禁止在气瓶上焊接、引弧。不准用气瓶做支架和铁砧。

(9) 注意操作顺序。开启瓶阀应轻缓，操作者应站在瓶阀出口的侧后；关闭瓶阀应轻而严，不能用力过大，避免关得太紧、太死。

(10) 瓶阀冻结时，不准用火烤。可把气瓶移入室内温度较高的地方或用40 ℃以下的温水浇淋解冻。

(11) 注意保持气瓶及附件清洁、干燥，禁止沾染油脂、腐蚀性介质、灰尘等。

(12) 瓶内气体不得吃光用尽，应留有剩余压力（余压），余压不应低于0.049 MPa。

(13) 气瓶使用完毕，要送回瓶库或妥善保管。

3. 储存气瓶的注意事项

(1) 气瓶的储存应有专人负责管理。管理人员、操作人员、消防人员应经过安全技术培训，了解气瓶、气体的安全知识。

(2) 气瓶储存时，空瓶、实瓶应分开；所装介质接触能起化学反应的异种气体气瓶应分开（分室储存），如氧气瓶与氢气瓶、液化石油气瓶，乙炔瓶与氧气瓶、氯气瓶不能同储一室。

(3) 气瓶库（储存间）应符合《建筑设计防火规范》，应采用二级以上防火建筑，与明火或其他建筑物应有适当的安全距离。易燃、易爆、有毒、腐蚀性气体气瓶库的安全距离不得小于15 m。

(4) 气瓶库应通风、干燥，防止雨（雪）淋、水浸，避免阳光直射，要有便于装卸、运输的设施。库内不得有暖气、水、煤气等管道通过，也不准有地下管道或暗沟。照明灯具及电器设备应是防爆的。

(5) 地下室或半地下室不能储存气瓶。

(6) 瓶库有明显的“禁止烟火”、“当心爆炸”等各类必要的安全标志。

（7）瓶库应有运输和消防通道，设置消火栓和消防水池，在固定地点备有专用灭火器、灭火工具和防毒用具。

（8）储气的气瓶应戴好瓶帽，最好戴固定瓶帽。

（9）实瓶一般应立放储存。卧放时，应防止滚动，瓶头（有阀端）应朝向一方。垛放不得超过5层，并应妥善固定。气瓶排放应整齐，固定牢靠，数量、号位的标志要明显，要留有通道。

（10）实瓶的储存数量应有限制，在满足当天使用量和周转量的情况下，应尽量减少储存量。

（11）容易起聚合反应气体的气瓶，必须规定储存期限。

（12）瓶库账目清楚，数量准确，按时盘点，账物相符。

（13）建立并执行气瓶进出库制度。

第四节　建筑作业安全技术知识

一、高空坠落相关规定

1. 高处坠落定义

高处坠落是指在高处作业中发生坠落造成的伤亡事故。高处作业是指凡在坠落高度基准面2 m以上（含2 m）有可能坠落的高处进行的作业。

2. 高处坠落的范围

由于并非所有的坠落都是沿垂直方向笔直地下坠，因此就有一个可能坠落范围的半径问题。当以可能坠落范围的半径为 R，从作业位置至坠落高度基准面的垂直距离为 h 时，国家标准规定 R 值与 h 值的关系是：

$h=2\sim5$ m时，R 为2 m；

$h=5\sim15$ m时，R 为3 m；

$h=15\sim30$ m时，R 为4 m；

$h>30$ m 时，R 为 5 m。

3. 高处作业的分级

按照不同的坠落高度，高处作业可分为 4 个等级，即高度在 2~5 m 时，称为一级高处作业；高度在 5 m 以上至 15 m 时，称为二级高处作业；高度在 15 m 以上至 30 m 时，称为三级高处作业；高度在 30 m 以上时，称为四级或特级高处作业。

二、高处作业的种类和特殊高处作业的类别

高处作业按性质和环境的不同，可分为一般高处作业和特殊高处作业两类。

一般高处作业为正常作业环境下进行的各项高处作业。

特殊高处作业是指较复杂的作业环境下对操作人员具有危险性的作业，有下列 8 类：强风高处作业（阵风六级，风速 10.8 m/s），异温高处作业，雪天高处作业，雨天高处作业，夜间高处作业，带电高处作业，悬空高处作业，抢救高处作业。

三、高处坠落的主要类型和原因

高处坠落的主要类型有：因被蹬踏物材质强度不够，突然断裂；高处作业移动位置时，踏空、失稳；高处作业时，由于站位不当或操作失误被移动的物体碰撞坠落等。

高处坠落的主要原因是：作业人员缺乏高处作业的安全技术知识；防范高处坠落的安全设施、设备不健全。

四、高处坠落事故的预防

防止发生高处坠落事故，应做好两个方面的工作：一是加强科学管理，明确岗位责任，熟悉作业方法，掌握技术知识，执行操作规程，正确使用防护用具，加强日常的检查；二是采取周密的防护措施，除在危险部位设置护栏、立网、满铺架板、盖好洞口外，还应在操作人员下方设平网和检查作业人员是否正确使用

防护用具。

预防高处坠落事故的主要技术措施如下。

1. 用好安全防护用品

(1) 安全帽。按规定进入危险场所，必须戴好符合安全标准的安全帽，并系好帽带，防止人员坠落时帽子脱落，失去防护作用。

(2) 安全带。凡在 2 m 以上悬空作业人员，必须佩戴合格的安全带。如悬空作业场地没有系挂安全带的条件时，应制定措施，为作业人员设置挂安全带用的安全拉绳、安全栏杆等。

(3) 安全网。凡无外架防护作业点，必须在离地 4 m 高处搭设固定的安全平网，高层施工还应隔 4 层再安设一道固定的安全平网，并同时设一层随墙体逐层上升的安全平网。

2. 做好关键部位防护

在建筑施工行业中的关键部位指楼梯口、电梯口、预留洞口和出入口（也称通道口）。其防护方法综合起来分为如下两类：

(1) 在楼梯口、电梯口、预留洞口，设置围栏、盖板、开启式金属防护门、架网；在混凝土预制板预留的洞口上，预制时即预埋钢筋网，设备安装时再剪掉预埋的钢筋网。

(2) 正在施工的建筑物出入口和井字架、门式架进出入料口，必须搭设符合标准的防护棚。

3. 做好危险边沿的防护

建筑施工中，存在着大量临时性的危险边沿，这是作业人员发生坠落的主要场所。如尚未安装栏杆的阳台周边，无外架防护的屋面周边，框架工程楼层周边，上下跑道、斜道、两侧边，卸料平台的外侧边等。在这些危险边沿处必须设置 1.2 m 高的双层围栏（每层 60 cm）或搭设安全立网，既可防止人员坠落，也可防止各种物料坠落伤人。

4. 严把脚手架的十道关

脚手架在建筑施工中，是一项不可缺少的重要工具。但是，如果在支搭和使用上方法不当，往往会造成多人伤亡和巨大的经济损失。因此，对各种脚手架必须严把十道关：

（1）材质关：严格按规程、规定的质量、规格选择材料。

（2）尺寸关：必须按规定的间距尺寸搭设。

（3）铺板关：架板必须满铺，不得有空隙和探头板、下跳板，并经常清除板上杂物。

（4）栏护关：脚手架外侧和斜道两侧必须设 1.2 m 高的栏杆或立挂安全网。

（5）联结关：必须按规定设剪刀撑和支撑，必须与建筑物联结牢固。

（6）承重关：脚手架均布荷载，结构架应控制在 270 kg/m^2，装修架应控制在 200 kg/m^2，其他架子必须经过计算和试验确定承重荷载，标准架严格按规程定负荷。

（7）上下关：必须为工人上下架子搭设马道或阶梯。严禁施工人员从架子爬上爬下，造成事故。

（8）雷电关：凡金属脚手架与输电线路，要保持一定的安全距离，或搭设隔离防护措施。一般电线不得直接绑扎在架子上，必须绑扎时应加垫木隔离，凡金属脚手架高于周围避雷设施的，要制定方案，重新设置避雷系统。

（9）挑梁关：悬吊式吊篮，除按规定加工外，严格按方案设置。

（10）检验关：各种架子搭好后，必须经技术、安全等部门共同检查验收，合格后可投入使用。使用中应经常检查，发现问题要及时处理。

五、坍塌事故主要类型及发生的环境

坍塌事故是指物体在外力和重力的作用下，超过自身极限强度的破坏成因，结构稳定失衡塌落而造成物体高处坠落、物体打击、挤压伤害及窒息的事故。这类事故因塌落物自重大，作用范

围大，往往伤害人员多，后果严重，为重大或特大人身伤亡事故。

坍塌事故主要有土方坍塌、模板坍塌、脚手架坍塌、拆除工程的坍塌、建筑物及构筑物的坍塌事故5种类型。前4种类型一般发生在施工作业中，而后一种一般发生在使用过程中。

六、土方坍塌事故的形成原因

根据摩尔—库伦强度理论，土体内某一面上的剪应力若达到该面上的抗剪强度，剪切变形将不断增大，变形速度加快，直至土体中出现连续的破坏面，引起土体的塌方和滑坡、基础的严重下陷和倾倒，从而导致人身伤害事故。

这类事故与土方工程边坡坡度、施工方法、土质均匀程度（如边坡上下层土质的重力密度、内摩擦角、内聚力存在明显差异，管道渗漏等）以及外荷载（如车辆通过）等情况有密切关系。

七、脚手架坍塌事故主要原因及预防方法

脚手架坍塌事故是指在外荷载及自重作用下，脚手架重心偏移、整体失稳而倒塌。

架子坍塌的重大事故发生在高层建筑外脚手架，主要原因是施工前未进行安全技术设计，设计有缺陷或未按设计方案施工和使用等。另外，高层建筑架子架体高，叠加荷载大（施工荷载、网荷载、架体自重荷载），超出下部杆件的抗屈服强度，也是造成事故的主要原因。一般架子坍塌事故多发生在低层建筑，里架、外架均可发生，且多为前部架体坍塌。

预防方法主要是要加强日常检查维护，重点检查架体基础变化，各种支撑及与结构联结的受力情况。当脚手架的前部基础沉陷或施工需要掏空时，应根据具体情况，采取加固措施；当隐患危及架体稳定时，要立即停止使用，并制定针对性措施，限期加

固处理；在支搭与拆除作业过程中要严格按规定和工作顺序进行，不得擅自改变施工方案和工作顺序，必须变动时应报请技术部门审批。

八、常见的物体打击事故

常见的物体打击事故主要有以下 7 类：

（1）在高空作业中，由于工具零件、砖瓦、木块等物从高处掉落伤人。

（2）人为乱扔废物、杂物伤人。

（3）起重吊装、拆装、拆模时，物料掉落伤人。

（4）设备带病运行，设备中物体飞出伤人。

（5）设备运转中，违章操作，用铁棍捅卡料，铁棍弹出伤人。

（6）压力容器爆炸的飞出物伤人。

（7）爆破作业中乱石伤人等。

九、防范物体打击事故主要措施

防范物体打击事故的主要措施如下：

（1）必须认真贯彻有关安全规程，克服麻痹思想，人人有责消除物体打击伤害事故，牢固树立不伤害他人和自我保护的安全意识。

（2）高空作业时，禁止投掷物料。清理楼内物料应设溜槽或使用垃圾桶。手持工具和零星物料应随手放在工具袋内。安装更换玻璃要有防止玻璃坠落措施，严禁扔下碎玻璃。

（3）吊运大件要使用有防止脱钩装置的吊钩或卡环，吊运小件要使用吊笼或吊斗，吊运长件要绑牢。

（4）高空作业中，对斜道、过桥、跳板要明确有人负责维修、清理，不得存放杂物。

（5）操作使用的机器设备，必须符合质量要求，带病设备未修复达标前严禁使用。

(6) 使用设备的操作人员，必须熟知设备特性、掌握操作要领，经过培训考试合格，持证上岗。

(7) 排除设备故障或清理卡料前，必须停机。

(8) 做好受压容器安全管理（详见受压容器事故预防部分），防止受压容器爆炸事故发生；各类爆破作业人员，要严格遵守有关规定，人员必须隐蔽在安全可靠处，无关人员严禁进入作业禁区内。

第五节　机械安全技术知识

一、常见伤害人体的机械设备

常见伤害人体的机械设备有带式输送机、球磨机、行车、卷扬机、干燥车、气锤、车床、辊筒机、混砂机、螺旋输送机、泵、压模机、破碎机、推焦机、榨油机、硫化机、卸车机、离心机、搅拌机、轮碾机、制毡撒料机、滚筒筛等。

二、形成机械伤害的事故主要原因

形成机械伤害的事故主要原因如下：

(1) 检修、检查机械忽视安全措施。如人进入设备（球磨机等）检修、检查作业，不切断电源，未挂不准合闸警示牌，未设专人监护等措施而造成严重后果。也有的因当时受定时电源开关作用或发生临时停电等因素误判而造成事故。也有的虽然对设备断电，但因未等至设备惯性运转彻底停住就动手工作，同样造成严重后果。

(2) 缺乏安全装置。如有的机械传动带、齿机、接近地面的联轴节、皮带轮、飞轮等易伤害人体部位没有完好防护装置；还有的人孔、投料口、绞笼井等部位缺护栏及盖板，无警示牌，人一疏忽误接触这些部位，就会造成事故。

（3）电源开关布局不合理。一种是有了紧急情况不立即停车；另一种是好几台机械开关设在一起，极易造成误开机械引发严重后果。

（4）自制或任意改造机械设备，不符合安全要求。

（5）在机械运行中进行清理积料、捅卡料、上皮带蜡等作业。

（6）任意进入机械运行危险作业区（采样、干活、借道、拣物等）。

（7）不具操作机械素质的人员上岗或其他人员乱动机械。

三、防止机械伤害事故的措施

防止机械伤害事故的措施如下：

（1）检修机械必须严格执行断电挂禁止合闸警示牌和设专人监护的制度。机械断电后，必须确认其惯性运转已彻底消除后才可进行工作。机械检修完毕，试运转前，必须对现场进行细致检查，确认机械部位人员全部彻底撤离才可取牌合闸。检修试车时，严禁有人留在设备内进行点车。

（2）人手直接频繁接触的机械，必须有完好紧急制动装置，该制动按钮位置必须使操作者在机械作业活动范围内随时可触及；机械设备各传动部位必须有可靠防护装置；各人孔、投料口、螺旋输送机等部位必须有盖板、护栏和警示牌；作业环境保持整洁卫生。

（3）各机械开关布局必须合理，必须符合两条标准：一是便于操作者紧急停车，二是避免误开动其他设备。

（4）对机械进行清理积料、捅卡料、上皮带蜡等作业，应遵守停机断电挂警示牌制度。

（5）严禁无关人员进入危险因素大的机械作业现场，非本机械作业人员因事必须进入的，要先与当班机械操作者取得联系，有安全措施才可进入。

（6）操作机械设备的人员必须经过专业培训，能掌握该设备性能的基础知识，经考试合格，持证上岗。上岗作业中，必须精心操作，严格执行有关规章制度，正确使用劳动防护用品，严禁无证人员开动机械设备。

四、机械对人体伤害最多的部位

机械对人体伤害最多的部位是手，因为手在劳动中与机械接触最为频繁。

五、流动式起重机起吊重物作业时应注意的事项

流动式起重机起吊重物作业时应注意的事项如下：

（1）严格按起重机的额定重量表和起升高度曲线作业。起吊物品不能超过规定的工作幅度和相应的额定重量,严禁超载作业。

（2）不允许用起重机吊拔起重量和拉力不清的埋置物体，冬季不能吊拔冻住的物体。

（3）不要斜拉和斜吊，否则容易造成起重机倾翻。

（4）不要随便增加平衡重或减少变幅钢丝绳。

（5）避免上车突然启动或制动，起吊机重量大、尺寸大、起升高度大时更应注意。

六、流动式起重机起升和行走时应注意的事项

流动式起重机起升和行走时应注意的事项如下：

（1）汽车起重机不允许吊起载荷行走。履带起重机和轮胎起重机一定要在允许的起重量范围内吊重行走，路面要严整坚实，行走速度要缓慢均匀，按道路情况及时换挡，不要急刹车和急转向，吊重物避免摆动，吊臂应在行驶前方方向。

（2）起重臂长度大的履带式起重水平起臂，一定要在履带的纵方向，并在前进方向进行。行走时，起重臂角度过大会产生

摇摆，有后倾翻危险。所以，起重臂仰角应限于30°～70°。

七、起重机作业环境应注意的安全事项

起重机作业环境应注意的安全事项如下：

（1）工作场地光线昏暗，无法看清场地、被吊物情况和指挥信号不能作业。

（2）起重机不允许在暗沟、地下管道和防空洞上作业。

（3）起重机作业时，臂架、吊具、辅具、钢丝绳及重物等与输电线最小距离，不应小于规定距离。

（4）起重机作业区附近不应有人做其他工作。有人走近时，利用警音或喇叭警告。

（5）起重机作业场所的建筑物、障碍物，是否符合起重机的行走、回转、转盘、变幅等的安全距离，应测量后再安排作业程序。

八、塔式起重机使用方面的危险因素

塔式起重机使用方面的危险因素如下：

（1）稳定性破坏。

（2）钢结构破坏。

（3）机构和电气破坏。

（4）安全装置破坏。

（5）违章修理。

第六节　厂内车辆安全技术知识

一、常见的车辆伤害事故

车辆伤害事故是指企业机动车辆引起的伤害事故。

企业机动车辆包括：汽车类，如载重汽车、大小客车、客货

两用汽车、内燃叉车、装载机等；电瓶车类，如电瓶平板车、电瓶叉车等；拖拉机类，如手扶拖拉机、履带式拖拉机等；有轨车类，如电力车、蒸汽机车、内燃机车、有轨电动车等；施工设备，如挖掘车、推土机、电铲等。

上述车辆在行驶中引起的挤压、撞车或倾覆等造成的人身伤害，行驶中上下车、扒车、搭乘非乘人车、放飞车等造成的人身伤害，车辆运输中的摘挂钩和机动车辆牵引、安装、就位等造成的人身伤害，车辆运行中碰撞建筑物、构筑物、堆积物引起建筑物倒塌、物体飞溅下落和挤压地面而产生物体飞溅等造成的人身伤害，都属于常见的车辆伤害事故。

二、铁路道口安全

铁路与道路的交叉路口是交通事故高发区域。无论是行人还是机动或非机动车辆经过铁路道口时，应该高度重视交通安全。应注意的事项是：观察标志和警示信号是否有火车通过；听从道口管理人员的指挥；不准穿越栏杆；停车需制动停稳；载运大型设备、构件应按当地铁路部门指定的道口、时间通过。

在一些无人看守的铁路道口，平时通过的火车不多，车辆和行人最容易放松警惕，往往不注意观望就贸然通过，一旦有火车驶来就很可能发生事故。1994 年，全国铁路发生的 10000 多起路边伤亡事故中，道口事故占了 18%，而无人看守的道口事故又占其中 92%。因此，国家已三令五申要加强铁路道口的管理。

三、厂内铁路线路安全规定

《工厂企业内运输安全规程》第 2.1.2 ~ 2.1.4 款规定，厂内正线、联络线在路堤地段坡脚线或护堤边线外、路堑地段坡顶线或天沟外，或平坦地段侧沟边线外 1 m 内，严禁挖沟、蓄水、取土，并不得向铁路线路上排弃废水和倒垃圾。

站场最外侧的线路中心至路基面边缘的宽度不得小于 3 m，

现有不符上述规定的站场，在改、扩建条件困难时不得小于2.8 m。在梯线、牵出线和货场边缘的装卸等有调车人员上、下车的一侧，不得小于3.5 m。

允许行人的铁路桥梁和隧道的一侧或两侧应设置有防护栏杆的人行道。

四、厂内机动车辆的管理规定

《工业企业厂内运输安全规程》第3.2.1～3.2.2款规定，车辆必须由当地公安部门或交通部门核发号牌和行驶证，方准行驶；限于厂内行驶的车辆，必须由厂交通安全管理部门核发号牌和行驶证，牌证不得挪用、涂改、伪造。

车辆必须按当地公安部门或交通监理部门规定的时间接受检验；限于厂内行驶的车辆，按厂交通安全管理部门规定的时间接受检验。逾期未经检验的车辆，不得行驶。

五、经常载人的货车相关规定

《工业企业厂内运输安全规程》第3.2.4款规定，经常用于载人的货车，必须装有扶梯、拉手、拉杆等。车厢栏板高度不得低于1 m，车厢两侧栏间应有保险锁链。如安装车棚，大型车车棚不得高于1.75 m，小型车车棚不得高于1.65 m。

第3.3.8款规定，经常用于载人的货车应遵守下列规定：

（1）必须由具有50000 km或三年以上安全驾驶经历的驾驶员驾驶，并持有当地公安部门和交通监理部门核发代客证的驾驶员驾驶。

（2）不得超过核定的人数。

（3）指定专人负责车上安全。

（4）限于厂内行驶的机动车，不得用于载人。

六、机动车装载货物的要求和规定

《工业企业厂运输安全规程》第3.3.5款规定，装载货物必须均衡平衡、捆扎牢固，车厢侧板、后栏板要关好、拴牢。货物长度超过后栏板时，不得遮挡号牌、转向灯、尾灯和制动灯。装载散状、粉状或液态货物时，不得散落、飞扬或滴漏车外。

第3.3.9款规定，随车装卸人员应遵守下列规定：

（1）不得超过厂交通安全部门核定的人数。

（2）载运大、重货物未靠厢栏板时，货前不得乘人。

（3）载物高度超出车厢栏板时，货上不得乘人。

（4）不得坐在车厢栏板上，车辆未停稳前不得上下车。

（5）机动车车厢以外的任何部位或货运汽车的挂车、拖拉机的挂车、电瓶车、起重车、罐车、平板车和轮胎式专用车，不得载人。但安装有效锁制的自动倾卸车和设有围护栏的起重车、平板拖车、垃圾车等，经厂交通安全管理部门核准，可附载装卸人员1~4人。

七、装载易燃、易爆、剧毒等危险品货物的安全规定

《工业企业厂内运输安全规程》第3.3.10款规定，装载易燃、易爆、剧毒等危险货物时，应遵守下列规定：

（1）必须经厂交通安全管理部门和保卫部门批准，按指定的路线和时间行驶。

（2）必须由具有50000 km和三年以上安全驾驶经历的驾驶员驾驶，并选派熟悉危险品性质和有安全防护知识的人担任押运员。

（3）必须用货运汽车运输，禁止用汽车挂车及其他机动车运输。

（4）车上应根据危险货物的性质配有相应的防护、消防器材，车厢两端上方须插有危险标志。

（5）应在货车排气管消音器处装设火星罩，易燃、易爆货物专用车的排气管应在车厢前一侧，向前排气。

（6）车厢周围严禁烟火。

（7）装载液态或气态易燃、易爆物品的罐车，必须挂接地静电导链；装载液化气体的车辆，应有防晒措施。

（8）装载氯酸钠、氯酸钾和用铁桶装的一级易燃液体时，不得使用铁底板车辆。

（9）装载剧毒品的车厢，用后应进行清洗、消毒。

（10）不得与其他货物混装，易燃、易爆物品的装载量不得超过货车载重量的2/3，堆放高度不得高于车厢栏板。

（11）两台以上车辆跟踪运输时，两车最小间距为50 m，行驶中不得紧急制动，严禁超车。

（12）中途修车应选择安全地点，停车或未卸完货物前，驾驶员和押运员不得离车。

八、厂内机动车行驶速度的规定和限制

《工业企业厂内运输安全规程》第3.4.1～3.4.3款规定，机动车在保证安全的情况下，在无限速标志的厂内主干道行驶时，不得超过30 km/h，其他道路不得超过20 km/h。如需超过规定速度，须经主管部门批准。

恶劣天气能见度在5 m以内或道路最大纵坡在6%以上，能见度在10 m以内时，应停止行驶。执行任务的消防车、工程抢险车、救护车在保护安全的情况下，不受规定速度限制。

九、特殊地点不准停放车辆的规定

《工业企业厂内运输安全规程》第3.4.8款规定，下列地点不准停放车辆：

（1）距通勤车站、加油站、消防车库门口和消火栓20 m以内的地段。

（2）距交叉路口、平交道口、转弯处、隧道、桥梁、危险地段、地中衡和厂房、仓库、职工医院大门口 15 m 以内的地段。

（3）坡度大于 5% 的路段。

（4）道路一侧有障碍物时，对面一侧与障碍物长度相等的地段两端 20 m 以内。

第七章　职业病防治基本常识

第一节　我国职业病防治方针

《职业病防治法》中明确了职业病的防治方针是“预防为主，防治结合；实施分类管理，综合治理。”“预防为主”就是要在工艺、技术、装备上采取防范措施，有效地控制和防止粉尘、毒气、噪声、放射性物质等危害因素对从业人员造成健康危害；“防治结合”就是在预防的基础上，加强职业病的诊断、治疗和康复工作，减轻职业病带来的痛苦和损害；“分类管理”是指对行业和危险源进行分类监控和管理；“综合治理”就是要采取工程技术、检测检验、个体防护、管理制度、治疗康复等综合性措施，有效防范职业危害，降低职业病发生率。

近年来，我国先后制定了一系列有关职业病防治的法律法规、规章制度，如《职业病防治法》、《尘肺病防治条例》、《职业病诊断与鉴定管理办法》、《用人单位职业健康监护监督管理办法》等。这些法律法规、规章制度是职业病防治的基本保障，从业人员应该严格遵守，认真落实。

第二节　职业健康基础知识

一、国家法定职业病种类

职业性危害因素所引起的疾病称为职业病。但从法律意义上讲，职业病是有一定范围的，它是由政府主管部门所规定的特定职业病。法定职业病的诊断、确诊、报告等必须按《中华人民共和国职业病防治法》的有关规定执行。2013 年 12 月 23 日，国家卫生计生委、人力资源社会保障部、安全监管总局、全国总工会 4 部门联合印发《职业病分类和目录》。该分类和目录将职业病分为职业性尘肺病及其他呼吸系统疾病、职业性皮肤病、职业性眼病、职业性耳鼻喉口腔疾病、职业性化学中毒、物理因素所致职业病、职业性放射性疾病、职业性传染病、职业性肿瘤、其他职业病 10 类 132 种。《职业病分类和目录》自印发之日起施行。2002 年 4 月 18 日原卫生部和原劳动保障部联合印发的《职业病目录》予以废止。具体分类如下：

（1）职业性尘肺病及其他呼吸系统疾病（19 种）。

（2）职业性皮肤病（9 种）。

（3）职业性眼病（3 种）。

（4）职业性耳鼻喉口腔疾病（4 种）。

（5）职业性化学中毒（60 种）。

（6）物理因素所致职业病（7 种）。

（7）职业性放射性疾病（11 种）。

（8）职业性传染病（5 种）。

（9）职业性肿瘤（11 种）。

（10）其他职业病（3 种）。

根据《职业病分类和目录》调整的原则和职业病遴选原则，修订后的《职业病分类和目录》由原来的 115 种职业病调整为 132 种（含 4 项开放性条款）。其中新增 18 种，对 2 项开放性条款进行了整合。

在职业性尘肺病中，将“尘肺”修改为“尘肺病”。在职业性其他呼吸系统疾病中，一是增加刺激性化学物质所致慢性阻塞性肺疾病、金属及其化合物粉尘肺沉着病（锡、铁、锑、钡及其化合物）和硬金属肺病；二是将“变态反应性肺泡炎”修改为“过敏性肺炎”。

在其他职业病中，一是将“煤矿井下工人滑囊炎”修改为“滑囊炎（限于井下工人）”；二是增加“股静脉血栓综合征、股动脉闭塞症或淋巴管闭塞症（限于刮研作业人员）”。

《职业病分类和目录》调整前，滑囊炎的职业人群限定为煤矿井下工人，修改为井下工人，扩大了职业人群范围。

二、职业危害因素的分类

职业危害因素如按其性质，可根据以下因素分类。

1. 环境因素

（1）物理因素。是生产环境的主要构成要素。不良的物理因素，或异常的气象条件，如高温、低温、噪声、振动、高气压、低气压、非电离辐射（可见光、紫外线、红外线、射频辐射、激光等）与电离辐射（如 X 射线、γ 射线）等，这些都可以对人产生伤害。

（2）化学因素。生产过程中使用和接触到的原料、中间产品、成品及这些物质在生产过程中产生的废气、废水和废渣等，都会对人体产生伤害，也称为工业毒物。毒物以粉尘、烟尘、雾气、蒸汽或气体的形态遍布于生产作业场所的不同地点和空间，接触毒物可对人产生刺激或使人产生过敏反应，还可能引起中毒。

（3）生物因素。生产过程中使用的原料、辅料及在作业环境中都可存在某些致病微生物和寄生虫，如炭疽杆菌、霉菌、布氏杆菌、森林脑炎病毒和真菌等。

2. 与职业有关的其他因素

如劳动组织和作息制度的不合理，工作的紧张程度等；个人不良的生活习惯，如过度饮酒、缺乏锻炼；劳动负荷过重，长时间的单调作业、夜班作业，动作及体位的不合理等都会对人产生影响。

3. 其他因素

社会经济因素，如国家的经济发展速度、国民的文化教育程度、生态环境、管理水平等因素都会对企业的安全、卫生的投入和管理带来影响。另外，如职业卫生法制的健全、职业卫生服务和管理系统化，对于控制职业危害的发生和减少作业人员的职业危害，也是十分重要的。

三、职业危害因素的来源

1. 生产过程中产生的有害因素

（1）物理因素。异常气象条件，如高温、高湿、高气压、低气压等；噪声、振动、射频、微波、红外线、紫外线；X 射线、α 射线、β 射线、γ 射线等。

（2）化学因素。有毒物质，如铅、汞、氯、一氧化碳、有机磷农药等；生产性粉尘，如硅尘、石棉尘、煤尘、有机粉尘等。

（3）生物因素。如附着在皮肤上的炭疽杆菌、布氏杆菌、森林脑炎病毒等。

2. 劳动过程中的有害因素

（1）劳动组织和劳动制度不合理，如劳动时间过长，休息制度不合理、不健全等。

（2）劳动中的精神过度紧张。

（3）劳动强度过大或劳动安排不当，如安排的作业人员生理状况不适应、生产定额过高、超负荷加班加点等。

（4）个别器官过度紧张，如光线不足引起的视力紧张等。

（5）长时间处于某种不良体位或使用不合理的工具等。

3. 环境中的有害因素

（1）生产环境不符合卫生标准或要求，如厂房低矮、狭窄，布局不合理，有毒和无毒的工段安排在一起等。

（2）缺乏必要的卫生技术设施，如没有通风换气、照明、防尘、防毒、防噪声和防振动设备，或设备效果不好。

（3）安全防护设备和个人防护用品装备不全。

在实际的生产场所中，危害因素往往不是单一存在的，而是多种因素同时对作业人员产生作用，此时危害更大。

四、职业病的特点

职业病具有如下5个特点：

（1）病因明确，病因即职业危害因素，在控制病因或作用条件后，可予消除或减少发病。

（2）所接触的病因大多是可检测的，而且需要达到一定的程度才能使劳动者致病，一般接触浓度或强度与病因有直接关系。

（3）在接触同样因素的人群中，常有一定的发病率，很少只出现个别病人。

（4）如能早期诊断，进行合理处理，预后较好，康复较易。

（5）不少职业病目前尚无特效治疗，只能对症治疗，故发现愈晚疗效愈差。除职业性传染病外，治疗个体无助于控制人群中的发病，而职业病是可以预防的。

除上述特点外，职业病的另一个特点是，在同一生产环境从事同一种工作的人中，个体发生职业性损伤的机会和程度也有极大差别，这主要取决于个体特征。

五、职业病的三级预防原则

职业卫生工作的首要职责和任务是识别、评价和控制生产中的不良劳动条件，保护劳动者的健康。职业卫生工作应遵循预防医学的三级预防原则：

（1）一级预防。即从根本上使劳动者不接触职业危害因素，如改变工艺，改进生产过程，确定容许接触量或接触水平，使生产过程达到安全标准，对人群中的易感者定出就业禁忌证等。

（2）二级预防。在一级预防达不到要求，职业危害因素已经开始损伤劳动者的健康时，应及时发现，采取补救措施，主要工作为早期检测损害与及时处理，防止其进一步发展。

（3）三级预防。即对已得病者，作出正确诊断，及时处理，包括及时脱离接触进行治疗，防止恶化和并发症，促进健康。

第三节　职业病预防知识

一、职业中毒及其预防

1. 生产性毒物进入人体的途径

生产性毒物主要是经呼吸道和皮肤进入人体。呼吸道由鼻咽部、气管支气管和肺部组成，气体（如氯、氨、一氧化碳、甲烷等）、蒸气（如苯蒸气等）和气溶胶（如农药雾滴、电焊烟尘等）形态的毒物可经呼吸道进入人体。呼吸道是毒物进入人体最常见最重要的途径。

皮肤是人体的最大器官，包括毛发、指（趾）甲等。毒物可以通过不同方式经皮肤吸收，引起局部的损害或全身性中毒症状。

消化道也是造成生产性毒物中毒的一种途径，在有生产性毒物的环境中用食，或餐具放在有生产性毒物的地方，或工作后未洗手直接接触食物或进餐等，毒物通过消化道产生中毒。

2. 职业中毒的类型

职业病按其发病的快慢一般分为急性职业中毒和慢性职业中毒两种类型。

急性职业中毒指人体在短时间内受到较高浓度的生产性有害因素的作用，而迅速发生的疾病，具有起病急、变化快、病情重等特点。急性职业中毒以化学物质中毒最为常见，主要是违反操作规程或意外事故所引起。

慢性职业中毒是作业人员在生产环境中，长期受到一定浓度

（超过国家规定的最高允许浓度标准）的生产性有害因素的作用，经过数月、数年或更长时间缓慢发病。相对于急性职业中毒而言，慢性职业中毒具有潜伏期长、病变进展缓慢、早期临床症状较轻等特点。

3. 常见的职业中毒

（1）铅作业及铅中毒。铅冶炼对人体产生的危害最大，熔铅、铸铅及修理蓄电池都可接触铅。由于铅化合物多具有特殊颜色，因而常用于油漆工业。在砂磨、刮铲、焊接、熔割时可产生铅烟、铅尘，此外，陶瓷、玻璃、塑料等工业生产中也会接触铅烟、铅尘。铅中毒可引起肝、脑、肾等器官发生病变。因接触的剂量不同，可出现急性中毒或慢性中毒症状。

（2）苯作业及苯中毒。生产中接触苯的作业主要有：喷漆、印刷、制鞋、橡胶加工、香料等。苯及其化合物是以粉尘、蒸气的形态存在于空气中，可经呼吸道和皮肤吸收。特别是夏季，皮肤出汗、充血，更能促进毒物的吸收。急性苯中毒主要损害中枢神经系统，一些中毒者还可发生化学性肺炎、肺水肿及肝肾损害。慢性苯中毒主要损害造血系统及中枢神经系统。

（3）窒息性气体中毒。窒息性气体的主要致病原因是机体缺氧，急性缺氧可引起头痛、情绪改变，严重的可导致脑细胞坏死及脑水肿。常见的窒息性气体中毒有：

①一氧化碳中毒。发生在煤、油料燃烧不充分时，以及煤气制造、金属冶炼等作业场所。轻度中毒者出现剧烈头痛、头晕、心悸、恶心呕吐、乏力等症状；重度中毒者表现为无意识、昏迷，甚至呼吸衰竭，伴有脑水肿、严重心肌损害。

②硫化氢中毒。多发生在石油开采和炼制、化纤及造纸生产中，在清理粪池、下水道、垃圾时，也可发生硫化氢中毒。轻度中毒症状为眼及上呼吸道刺激症状；接触高浓度的硫化氢可立即昏迷，甚至死亡，称为“闪电型”死亡。

③二氧化碳中毒。多发生于汽水、啤酒制造作业中，不通风

的发酵池、地窖、粮仓等处会产生大量二氧化碳。常为急性中毒，几秒钟内即迅速昏迷，若不能及时救出可致死亡。

4. 职业中毒的预防

职业中毒是一种人为的疾病，采取合理有效的措施，可使接触毒物的作业人员避免中毒。

（1）根除毒物或降低毒物浓度，如用无毒或低毒物质代替有毒或剧毒物质。但不是所有毒物都能找到无毒、低毒的代替物，因此在生产过程中控制毒物浓度的措施很重要，如采取密闭生产和局部通风排毒的方法，减少接触毒物的机会；合理布局工序，将有害物质发生源布置在下风侧。

（2）做好个体防护，这是重要的辅助措施。个体防护用品包括防护帽、防护眼镜、防护面罩、防护服、呼吸防护器、皮肤防护用品等。毒物进入人体的门户，除呼吸道、皮肤外，还有口腔。因此，作业人员不要在作业现场内吃东西、吸烟，班后要洗澡，不要将工作服穿回家。

二、粉尘的危害及预防

1. 生产性粉尘的来源

生产性粉尘是指在生产中形成的，并能长时间漂浮在作业场所空气中的固体颗粒。生产性粉尘的来源非常广。矿山开采、爆破，冶金工业中金属或矿石的切削、研磨，机械制造工业中的原料破碎、清砂，玻璃、水泥、陶瓷等工业的原料加工等，这些工艺操作中主要产生无机性粉尘，包括矿物性粉尘（如石英、滑石、煤等）、金属性粉尘（如铅、锰、铁等）和人工无机性粉尘（如水泥、玻璃纤维等）。在皮毛、纺织、化学等工业的原料处理过程中，会产生有机粉尘，包括动物性粉尘（如皮毛、骨粉等）、植物性粉尘（如棉、麻、面粉、木材等）和人工有机性粉尘（如炸药、人造纤维等）。

在生产环境中，单一粉尘存在的情况较少，大多数情况下两种以上粉尘混合存在。

2. 粉尘引起的职业病

生产性粉尘根据其理化特性和作用特点不同，可引起不同的疾病。

（1）呼吸系统疾病。长期吸入不同种类的粉尘可导致不同类型的尘肺病或其他肺部疾患。我国按病因将尘肺病分为12种，并作为法定尘肺列入职业病名单目录，它们是硅肺、煤工尘肺、石墨肺、炭黑尘肺、石棉肺、滑石尘肺、水泥尘肺、云母尘肺、陶工尘肺、铝尘肺、电焊工尘肺、铸工尘肺。

（2）中毒。吸入铅、锰、砷等粉尘，可导致全身性中毒。

（3）呼吸系统肿瘤。石棉、放射性矿物、镍、铬等粉尘均可导致肺部肿瘤。

（4）局部刺激性疾病。如金属磨料可引起角膜损伤、浑浊，沥青粉尘可引起光感性皮炎等。

3. 预防尘肺病的措施

消除或降低粉尘是预防尘肺病最根本的措施。通过革新生产设备、实现自动化作业，避免操作人员接触粉尘；采用湿式作业，可在很大程度上防止粉尘飞扬，降低作业场所粉尘浓度；对不能采用湿式作业的场所，应采用密闭抽风除尘方法。作业中接触粉尘的人员，在作业现场防尘、降尘措施难以使粉尘浓度降至符合作业场所卫生标准的条件下，一定要佩戴防尘护具。防尘效果较好的有防尘安全帽、送风口罩等，适用于粉尘浓度高的环境；在粉尘浓度较低的环境中，佩戴防尘口罩有一定的预防作用。

三、高温作业危害及预防

1. 高温作业的类型

在高气温或同时存在高湿度或热辐射的不良气象条件下进行的劳动，通称为高温作业。高温作业按其气象条件的特点可分为

3 个基本类型。

（1）高温强辐射作业。如冶金工业的炼焦、炼铁、炼钢、轧钢车间，机械制造工业的铸造、锻造、热处理等班组，陶瓷、砖瓦等工业的炉窑班组，火力发电厂和轮船上的锅炉这类生产场所具有各种不同的热源，如冶炼炉、加热炉、窑炉、锅炉、被加热的物体（铁水、钢水、钢锭）等，能通过传导、对流、辐射散热，使周围物体和空气温度升高；周围物体被加热后，又可成为二次热辐射源，且由于热辐射面扩大，使气温更高。在这类作业环境中，同时存在着两种不同性质的热，即对流热（加热了的空气）和辐射热（热源及二次热源）。对流热只作用于人的体表，但通过血液循环使全身加热；辐射热除作用于人的体表外，还作用于深部组织，因而加热作用更快更强。这类作业的气象特点是气温高、热辐射强度大，而相对湿度较低，形成干热环境，人在此环境下劳动时会大量出汗，如通风不良，汗液难以蒸发，就可能因蒸发散热困难而发生蓄热和过热。

（2）高温高湿作业。其气象特点是气温、湿度均高，而辐射强度不大。高湿度的形成，主要是由于生产过程中产生大量水蒸气，生产工艺上要求班组内保持较高的相对湿度所致。例如，印染、缫丝、造纸等工业中液体加热或蒸煮时，班组气温可达35 ℃以上，相对湿度常高达90%以上；潮湿的探矿井内气温可达30 ℃以上，相对湿度可达95%以上，如通风不良就形成高温、高湿和低气流的不良气象条件，即湿热环境。人在此环境下作业，即使温度不很高，但由于蒸发散热极为困难，虽大量出汗也不能发挥有效散热作用，易导致体内热蓄积或水、电解质平衡失调，从而发生中暑。

（3）夏季露天作业。如建筑、搬运等作业的高温和热辐射主要来源是太阳辐射。夏季露天作业时还受地表和周围物体二次辐射源的附加热作用。露天作业中的热辐射强度虽较高温班组为低，但其作用的持续时间较长，且头颅常受到阳光直接照射，加之中午前后气温升高，此时如劳动强度过大，人体极易因过度蓄热而中暑。

2. 高温对健康的影响

高温可使作业人员感到热、头晕、心慌、烦、渴、无力、疲倦等，可出现一系列生理功能的改变，主要表现如下：

（1）体温调节障碍，由于体内蓄热，体温升高。

（2）大量水盐丧失，可引起水盐代谢平衡紊乱，导致体内酸碱平衡和渗透压失调。

（3）心律脉搏加快，皮肤血管扩张及血管紧张度增加，加重心脏负担，血压下降。但重体力劳动时，血压也可能增加。

（4）消化道贫血，唾液、胃液分泌减少，胃液酸度减低，淀粉活性下降，胃肠蠕动减慢，造成消化不良和其他胃肠道疾病。

（5）高温条件下若水盐供应不足可使尿浓缩，增加肾脏负担，有时可导致肾功能不全，尿中出现蛋白、红细胞等。

（6）神经系统可出现中枢神经系统抑制，注意力和肌肉的工作能力、动作的准确性和协调性及反应速度的降低等。

高温环境下发生的急性疾病是中暑，按发病机理可分为热射病、日射病、热衰竭和热痉挛。为使企业在职业病登记和报告中易于识别，在《防暑降温措施暂行办法》中将中暑分为如下3种：

①先兆中暑。在高温作业过程中出现头晕、头痛、眼花、耳鸣、心悸、恶心、四肢无力、注意力不集中、动作不协调等症状，体温正常或略有升高，但尚能坚持工作。

②轻症中暑。具有前述症状，而一度被迫停止工作，但经短时休息，症状消失，并能恢复工作。

③重症中暑。具有前述中暑症状，被迫停止工作，或在工作中突然晕倒，皮肤干燥无汗，体温在 40 ℃以上或发生热痉挛。

3. 防暑降温措施

（1）改善作业环境。预防中暑的关键在于改善高温作业环境，使作业场所的气象条件符合国家规定的卫生标准。在高温班组内合理布置热源，避免作业人员周围受到热源作用。尽可能把各种加热设备置于班组之外。温度很高的产品应尽快运出班组，如果热源不能移动，应采取隔热措施。通风是防暑降温的重要措施，应加强自然通风，使班组内高温从高窗或气孔排出。班组屋顶可安装风帽，墙角可开窗加强通风。当自然通风不能将余热全部排出时，应采用机械通风。

（2）加强个体防护。高温作业人员应穿耐热、坚固、导热系数小、透气功能好的浅色工作服，根据防护需要，穿戴手套、鞋套、护腿、眼镜、面罩、工作帽等。

（3）采取必要的组织措施和保健措施。制定合理的劳动和休息制度，调整作息时间，采取多班次工作办法；合理布置工间休息地点；加强宣传教育，使作业人员自觉遵守高温作业安全卫生规程；定期检测作业场所的气象条件；实行医务监督，对高温作业人员定期进行体检；为高温作业人员提供清凉饮料。

四、生产性噪声与振动的危害及预防

1. 噪声

生产过程中，由于机器转动、气体排放、工件撞击与摩擦所产生的声音，其频率和强度没有规律，听起来使人感到厌烦，称为生产性噪声或工业噪声。使用各种风动机械的操作人员、纺织工、拖拉机手等都是在强烈噪声的环境中作业。噪声对人体的影响是多方面的。

首先是对听觉器官的损害，长时间接触一定强度的噪声，会引起听力下降和噪声性耳聋；此外对神经系统、心血管系统及全身其他器官也有不同程度的影响，可出现头痛、头晕、睡眠障碍等病症，长期接触较强的噪声可引起血压持续升高，还可出现胃肠功能紊乱，胃蠕动减慢等变化。

从安全方面来看，在噪声的干扰下，人们会感到烦躁，注意力不集中，反应迟钝，不仅影响工作效率，而且降低了对事故隐患的判断处理能力。在班组或矿井等作业场所，由于噪声的影响，掩盖了异常信号或声音，容易发生伤亡事故。

2. 振动

生产过程中，生产设备、工具产生的振动称为生产性振动，产生振动的机械设备主要有锻造机、冲压机、压缩机、振动筛、打夯机、振动送风带等。而在生产中，作业人员接触较多、危险、较大的振动是振动性工具产生的振动，长时间使用这些工具会造成手臂振动，目前国家已经将局部振动病列为法定职业病。

造成手臂振动的生产作业主要有：锤打作业，如打桩工、捣固工、铆钉工等；手持转动工具作业，如风钻、电锯、电钻、喷砂机等；驾驶运输与农业机械作业，如收割机、脱粒机、拖拉机等。

长期受外界振动的影响可引起振动病。按振动对人体作用方式不同，分为全身振动和局部振动。强烈的全身振动，可使交感神经处于紧张状态，出现血压升高、心率加快、胃肠不适等症状。全身振动引起的这些功能性改变，在脱离振动环境和休息后，多能自行恢复。局部振动病或称手臂振动病，是由于长期接触过量的局部振动，引起手部末梢循环或手臂神经功能障碍。该病的典型表现是手指发白（白指症），并伴有麻、胀、痛的感觉，手心多汗。

3. 防止噪声与振动的措施

为防止噪声、振动对身体的危害，应从以下 3 个方面入手：

（1）消除或降低噪声、振动源，采用无声或低声设备代替发出强噪声的设备，如以焊接代替铆接、锤击成型改为液压成型等；机械设备应装在橡皮、软木上，避免与地板直接接触；工具的金属部件改用塑料或橡胶，以减弱因撞击而产生的噪声和振动。

（2）控制噪声、振动的传播，如采用吸声、隔声、隔振、阻尼等手段。

（3）做好个人防护，如果作业场所的噪声、振动暂时不能得到有效控制，则加强个人防护是避免遭受危害的有效措施。如在高噪声环境中作业时，佩戴耳塞就是最便捷的防护方法，必要时应佩戴耳罩、帽盔。为防止振动病，作业场所要注意防寒保暖，振动性工具的手柄温度如能保持 40 ℃，对预防振动性白指有较好的效果；合理使用个人防护用品，特别是防振手套、减振坐椅等。

五、放射物的危害及预防

电磁辐射包括非电离辐射和电离辐射两种。

1. 非电离辐射

非电离辐射是指紫外线、红外线、激光和射频辐射。

（1）射频辐射对健康的影响。接触射频辐射的作业有金属的热处理、表面淬火、金属熔炼等，无屏蔽的高频输出变压器是一个主要辐射源；食品、皮革、茶叶等用微波加热炉进行热处理，操作人员有可能接触微波辐射。生产过程中，通常为低强度慢性辐射，对神经系统、眼及心血管系统有一定的影响，可引起中枢神经和植物神经功能紊乱；长期接触高强度微波的人员，可加速眼晶状体老化过程，引起视网膜病变；对心血管系统的影响主要是造成心动过缓、血压下降等。

（2）红外线辐射对健康的影响。自然界的红外线辐射源以太阳为最强，基建工地搬运等露天作业，夏季红外线辐射强度很大；生产中接触红外线辐射源的作业有金属加热、熔融玻璃等，炼钢工、轧钢工、铸造工、玻璃熔吹工、烧瓷工等可受到红外线辐射。红外线对人体的影响主要是眼睛和皮肤。长期受炉火或加热红外线辐射，可引起白内障。白内障造成视力下降，一般两眼同时发生。职业性白内障已列入职业病名单，如玻璃工的白内障，多发生在工龄较长的员工中。皮肤受红外线长期照射，局部可出现色素沉着。

（3）激光对健康的影响。激光也是电磁波，目前使用的各种激光属于非电离辐射。激光波广泛应用主要是它具有辐射能量集中的特点，生产中主要用于金属和塑料部件的切割、打孔、微焊等。激光对健康的影响主要是它的热效应和光化学效应造成的机械性损伤。眼部受激光照射后，可突然出现眩光感，视力模糊，或出现固定黑影，甚至视觉丧失。激光还可对皮肤造成损伤，轻度损伤表现为红斑反应和色素沉着，照射剂量大时，可出现水疱、皮肤溃疡。

2. 电离辐射

凡能直接或间接引起物质电离的辐射，称为电离辐射。其中α、β等带电粒子能直接引起物质电离，称为直接电离辐射；γ光子、中子等非带电粒子，不能直接使物质电离，称为非直接电离辐射。随着核工业的发展，核原料的勘探、开采、冶炼，核燃料及反应堆的生产、使用，放射性核元素在工业、农业、医学诊断中的应用，接触电离辐射的人员也日益增多。

电离辐射引起的职业病称为放射病，有急性放射病和慢性放射病两种。急性放射病是短期内一次或多次受到大剂量照射而引起的全身病变，多见于核能和放射装置应用中的意外事故或由于防护条件差所致的职业性损伤。主要引起骨髓等造血系统损伤，也有发生肠麻痹、肠梗阻的情况。慢性放射病是长时期内受到超限值剂量照射所引起的全身性损伤，多发生于防护条件不佳的外照射工作场所。一般出现头痛、疲乏无力、记忆力下降，伴有消化系统障碍。除全身性放射病外，电离辐射还可造成局部的放射性皮炎和放射性白内障。

3. 电磁辐射的防护

（1）非电离辐射的防护。由于电磁场辐射源所产生的场能随距离的增大而减弱，所以在不影响操作的前提下尽量远离辐射源；避免在辐射流的正前方作业，可有效防止微波辐射。为防止辐射线直接作用于人体，合理地使用防护用品是十分重要的。穿戴金属防护服可防止射频辐射，穿戴微波屏蔽服、红外线防护服、防护帽、防护眼镜等可防止微波、红外线辐射。激光和红外线防护的重点是对眼睛的保护，除佩戴防护眼镜外，还要定期检查眼睛。

（2）对电离辐射的防护。作业人员要熟悉操作程序和安全操作规程，工作前应认真做好各项准备，如熟悉所用辐射性核元素的放射强度；工作结束后应及时清理用具，清除放射性污染物；在离开作业场所时应洗手或沐浴。正确使用防护用品，如穿戴工作服、防护镜、口罩、面盾等。在放射性工作场所内严禁饮食、喝水、抽烟和存放食品。

第八章　事故应急与现场急救常识

第一节　班组事故预防

一、事故基本知识

1. 事故的分类

根据事故的属性，可以把事故分为两大类，即生产事故和非生产事故。根据事故的原因，分为自然事故和人为事故。根据生产事故产生的不同后果，又可把事故分为伤亡事故、物质损失事故和险肇事故。

伤亡事故是指员工在劳动过程中发生的人身伤害、急性中毒事故。对伤亡事故的报告处理，国务院专门颁布了《企业职工伤亡事故报告和处理规定》。对于企业的伤亡事故管理，则应当把全部伤亡事故进行全面管理，包括轻伤事故。无论上级机关要不要伤亡事故的统计报告，企业自身必须把轻伤事故包括在严格管理范围之内。

2. 事故的一般规律分析

事故的发生是具有客观规律性的。通过人们长期的研究和分析，安全专业人员已总结出了很多事故理论，如事故致因理论、事故模型、事故统计学规律等。事故的最基本特性就是因果性、随机性、潜伏性和可预防性。

（1）因果性。事故的因果性是指事故由相互联系的多种因素共同作用的结果，引起事故的原因是多方面的，在伤亡事故调查分析过程中，应弄清事故发生的因果关系，找到事故发生的主要原因，才能对症下药。

(2) 随机性。事故的随机性是指事故发生的时间、地点、事故后果的严重性是偶然的。这说明事故的预防具有一定的难度。但是，事故这种随机性在一定范畴内也遵循统计规律。从事故的统计资料中可以找到事故发生的规律性。因而，事故统计分析对制定正确的预防措施有重大的意义。

(3) 潜伏性。表面上事故是一种突发事件，但是事故发生之前有一段潜伏期。在事故发生前，人、机、环境系统所处的这种状态是不稳定的，也就是说系统存在着事故隐患，具有危险性。如果这时有一触发因素出现，就会导致事故的发生。在工业生产活动中，企业较长时间内未发生事故，如麻痹大意，就是忽视了事故的潜伏性，这是工业生产中的思想隐患，是应予克服的。

(4) 可预防性。现代工业生产系统是人造系统，这种客观实际给预防事故提供了基本的前提。所以说，任何事故从理论和客观上讲，都是可预防的。认识这一特性，对坚定信念，防止事故发生有促进作用。因此，人类应该通过各种合理的对策和努力，从根本上消除事故发生的隐患，把工业事故的发生降低到最小限度。

3. 事故原点及其特点

事故原点就是构成事故的最初起点，也就是事故隐患转化为事故的具有初始性突变特征的，与事故发展过程有直接因果联系的点。如火灾事故的第一起火点，爆炸事故的第一起爆点，车辆伤害事故的第一接触点等。

事故原点具有以下 3 个特征：

(1) 事故原点是从事故隐患转化为事故的具有突变特征的点。

(2) 事故原点是从事故隐患转化为事故的具有初始性的点。

(3) 事故原点是在事故发展过程中与事故后果有直接因果

联系的点。

4. 查证事故原因的方法

事故原因就是事故原点处危险因素转化为事故的激发条件和技术条件。激发条件主要指误操作和外界条件，技术条件是指事故发生的理化条件。查证事故原因的方法可采用：

（1）直观查证法。凡是事故情况比较简单，能用定义法确定事故原点的事故，均可用此法确定事故原因。

（2）因果图示法。就是利用事故隐患转化为事故的因果关系，来确定事故原因的方法。它是把事故原点处事故隐患转化为事故的条件，尽可能全面地罗列出来，根据因果关系，作出因果图。

（3）技术分析法。就是根据事故原点的技术状态，与发生事故时的产品、工艺、操作、设备运行等情况密切结合，分析危险因素转化为事故的技术条件，和管理缺陷与外界条件对事故原点所起的激发作用。这种方法适用于不能用前两种方法查证事故原因的事故情况。

5. 查清事故责任

分清事故性质，主要是划清事故的界限，弄清事故是责任事故、自然事故，还是有意破坏，为领导机构对当事人的处理提供依据。

责任事故是由于人的失误或失职造成的非预谋性事故；自然事故是人力不可抗拒的非人为事故；有意破坏则是有预谋的人为破坏事件。

在事故原点和事故原因查证落实以后，就可以对事故性质进行分析。无论哪类性质的事故，都要对事故隐患的形成原因进行全面分析，明确造成事故的直接原因、间接原因，从中确定主要原因，明确直接责任者和领导责任者以及主要责任者，以便吸取事故教训，改进工作，防止同类事故发生。

6. 用行为科学分析事故原因

行为科学的理论指出：人的行为受个性心理、社会心理、社会、生理和环境等因素的影响。因而，生产中引起人的不安全行为、造成的人为失误和“三违”的原因是复杂的。有了这样认识，对于人为事故原因的分析就不能停留在“人因”这一层次上，应该进行更为深入的分析。例如，在分析人的不安全行为表现时，应分清是生理还是心理的原因，是客观还是主观的原因。对于心理、主观的原因，主要从人的内因入手，通过教育、监督、检查、管理等手段来控制或调整；对于生理或客观的原因，除了需要管理和教育的手段外，更主要的是从物态和环境的方面进行研究，以适应人的生理客观要求，减少人的失误。

行为科学中的人的行为模式、影响人行为的因素分析、挫折行为研究、注意与安全行为、事故心理结构、人的意识过程等理论和规律都有助于研究和分析事故的原因。

二、预防的策略

1. 预防、应急、教训预防策略

尽管重大事故的发生具有突发性和偶然性，但重大事故的应急管理不只限于事故发生后的应急救援行动。应急管理是对重大事故的全过程管理，贯穿于事故发生前、中、后的各个过程，充分体现了“预防为主，常备不懈”的应急思想。在班组安全管理中，我们将其归纳为事前预防、事中应急、事后教训的策略。

(1) 事前预防策略——心中有数，有的放矢。在应急管理中预防有两层含义：一是事故的预防工作，即通过安全管理和安全技术等手段，尽可能地防止事故的发生，实现本质安全；二是在假定事故必然发生的前提下，通过预先采取的预防措施，来达到降低或减缓事故的影响或后果严重程度，如工厂选址的安全规划、减少危险物品的存量以及开展公众教育等。以现代安全管理体系的预防特色为切入，实行预防为主、超前管理的战略，做到了“7 个强化”：

①抓基础管理，强化“三同时”和危险预评价。

②抓制度建设，强化安全制度和规程的有效执行。

③抓宣传教育，强化全员危机意识和素质。

④抓安全监督，强化关键岗位和高风险作业的现场监督。

⑤抓风险监管，强化对隐患、缺陷和危险源的监管。

⑥抓合同管理，强化员工合同和承包商合同管理。

⑦抓消防建设，强化消防安全的自防自救能力。

（2）事中应急策略——未雨绸缪，应急有效。事中应急策略包括三方面的内容，即应急准备、应急响应和应急恢复，是应急管理过程中一个极其关键的过程。应急准备是针对可能发生的事故，为迅速有效地开展应急行动而预先所作的各种准备，包括应急体系的建立，有关部门和人员职责的落实，预案的编制，应急队伍的建设，应急设备（施）、物资的准备和维护，预案的演习，与外部应急力量的衔接等，其目标是保持重大事故应急救援所需的应急能力。

应急响应是在事故发生后立即采取的应急与救援行动，包括事故的报警与通报、人员的紧急疏散、急救与医疗、消防和工程抢险措施、信息收集与应急决策和外部救援等，其目标是尽可能地抢救受害人员、保护可能受威胁的人群，尽可能控制并消除事故。

应急恢复工作应该在事故发生后立即进行，它首先使事故影响区域恢复到相对安全的基本状态，然后逐步恢复到正常状态。

（3）事后教训策略——鉴往知来，引以为戒。通过各种方式进行案例回顾，针对国内外安全、环保事故，按事故经过、原因分析、事故处理、防范措施进行分类整理，尤其在基层的班前班后会，通过让一线员工直观地感受到因为违章等低级错误而引发的一场又一场血的教训，使其重视安全操作，形成“人人、事事、时时、处处”保安全的氛围。

2. 科技、管理、教育工程

（1）工程技术——科技兴安，本质安全。“科学为导，技术为先”，注重先进技术措施的开发和应用，提高生产设备、设施和装置自身的技术安全性，改善员工的安全工作条件，提高设备安全运行水平。

（2）科学管理——现代管理，系统防范。倡导采用先进的管理思想和管理理念，采用先进、高效的管理模式组织生产，完善安全管理制度和标准化体系等，不断追求炼化生产安全管理模式和体系的科学化、现代化。

（3）教育培训——以人为本，提高素质。用最先进的方法提供安全培训，不断提高员工安全素质；升华各级领导干部的安全决策素质；提高各部门业务管理人员的安全职能素质；提升安全专业人员的理论与业务素质；强化员工安全保障的岗位操作能力素质。

三、班组做好事故预防

1. 从安全教育入手

（1）安全意识教育。这里指安全生产方针政策、法规、劳动纪律、规章制度等教育，这些教育都要结合本班组的实际生产情况学习和教育。学习要有目的性，使受教育者在生产中正确地运用和掌握，有了正确的安全意识，才会有正确的行为，正确处理各种作业中出现的问题，安全生产才能有可靠的保证。

（2）安全技术教育。班组长或兼职安全员，要在每周一次的安全活动日讲解这方面的知识。加强安全技术方面的知识教育，就能针对不安全因素采取必要的安全防范措施，做好自我保护。个人防护用品的使用，也是安全技术知识教育的内容，不能忽视。防护用品与工具都是为了保证员工在生产中的安全，因此，正确使用和妥善保管好防护用品及操作工具，关系到每个员工的切身利益。

2. 在调查研究中发现和处理本班组的不安全因素

班组长文化水平低并不可怕，可怕的是不去学习，不去调查研究，不去注意本班组在实际生产中所存在的一些不安全因素。尤其是搞矿业生产的，更要带头去调查研究本班组在生产进程中易发事故的正确处理。特别是在处理事故时，要自觉地帮助每个员工，不冒险作业，对不安全因素采取妥善措施。加强劳动保护，这是每个矿工都要遵守和做到的。

3. 预防事故的因素

任何事故的出现都包括孕育、发展、发生3个阶段。

发生人身事故，有许多因素，基本因素是人、物、环境和安全管理。

人是激发事故的主要因素，包括班组长和操作人员。对安全工作的重视程度，可以说是企业安全工作好坏的关键。班组长对安全工作的重视程度，决定了“安全第一、预防为主”的方针是否贯彻落实，因为班组是搞生产的，搞生产就必然牵涉安全生产及各种规章制度的执行，这些都要靠班组长具体抓。一些看得见、摸得着的不安全因素，不安全行为，不安全生产程序，每分每秒都可能发生。作为班组长，在这种时候，能及时制止或采取有效的安全防范措施，就不会有事故隐患存在，安全生产就有了保障，“安全第一、预防为主”，才能真正体现在班组。

第二因素是物、动力、机械设备、工器具及生产安排等。

因为物质本身就有不安全属性和潜在的不安全因素。作为班组长，在开工之前，首先要检查本班组所用的一切运转设备和工具是否完好正常，不能带“病”进行生产。其次，除了人的因素以外，一些事故往往就是因为存在物的不安全因素所致，在操作中一些安全意识淡薄的人，认为有一点小问题、小毛病不要紧，拿起来就操作。在这节骨眼上，班组长就要永记“小洞不补，大洞吃苦”这句名言，这个苦就是事故之苦，是流血、伤亡之苦。我们应该从中吸取教训，举一反三。

第三因素是环境，尤其是生产环境，如巷道的温度、通风效果，现场作业时的照明、噪声、设备振动及有害气体等，都有可能产生人身伤亡事故，这就要靠班组长在抓生产的同时管理好生产环境，使员工进入作业面后，感到心情舒畅，精神良好，有安全感。

班组安全管理不善是激发事故的第四因素，从直接原因看，发生事故是由人、物、环境所引起的，但实质上三种因素都有人的原因，是靠人去管理，靠人去掌握，靠人去改造或创造的，人是占主导地位的。

班组预防事故，主要是要防患于未然。班组发生事故有三种原因：技术原因、教育原因、管理原因。这是全面治理好班组预防事故的基本要素。

建立、健全班组各项安全管理制度，强化安全意识，贯彻落实安全作业四项制度，做到班前安全检查“确认制”，工作中坚持“巡回检查制”，多人作业相互“互保制”，现场隐患整改“指令制”。安全工作班前有部署，班中有检查，班后有总结的管理程序，是搞好班组预防事故的基本要点；每周一次的安全活动日，要做好安全记录，有安全活动内容，记事故隐患，记其他班组的事故教训。通过对安全记录的分析整理，积累经验，掌握安全生产规律，使安全措施的针对性更强，并结合本班组的实际生产情况，发动每个员工，在安全生产上献计献策，开展群众性的事故预想、预知、预测活动，确定预防事故的重点，制定预防措施，采取实用、易懂、易会、易做到的一些安全措施，就能在生产过程中防止不安全行为导致的事故发生，改变过去那种在安全生产上出了事故再重视、再管理的被动局面。

4. 把安全工作落到实处

班组长在接到本月任务后，先要了解生产方案、生产顺序、作业环境、所需设备的性能及保养情况，人员合理安排与使用等一些有关安全的问题和决策手段，做到心中有数，方能搞好事故预防工作。在生产中紧而不慌，忙而不乱，分配工作时先要布置好安全工作，向领导汇报生产情况时先汇报安全情况。生产中有了故障，思想上要把安全二字放在首位。碰到农忙、节假日前后的生产时，要有针对性地进行安全检查，查思想，查安全隐患，查一些看不见、摸不着的员工思想隐患。并在班组开展同工种与异工种的自检、互检、同检的安全生产活动，开展百日无事故活动。对在安全生产中做得好的员工，要表扬和鼓励，对做得差的员工，要批评教育。要在班组中树立“我要安全”的意识，“我要安全”的觉悟，“我会安全”的技能，“我尽安全”的责任，“我保安全”的任务。要有时时讲安全，处处要安全，事事有安全的自觉行动。

第二节　班组事故应急

一、应急预案的作用

事故应急预案在应急系统中起着关键作用，它明确了在突发事故发生之前、发生过程中以及刚刚结束之后，谁负责做什么、何时做，以及相应的策略和资源准备等。它是针对可能发生的重大事故及其影响和后果的严重程度，为应急准备和应急响应的各个方面预先作出的详细安排，是开展及时、有序和有效的事故应急救援工作的行动指南。

（1）应急预案明确了应急救援的范围和体系，使应急准备和应急管理不再是无据可依、无章可循，尤其是培训和演习工作的开展。

（2）制定应急预案有利于作出及时的应急响应，降低事故的危害程度。

（3）事故应急预案成为各类突发重大事故的应急基础。通过编制应急预案，可保证应急预案足够灵活，对那些事先无法预料到的突发事件或事故，也可以起到基本的应急指导作用，有针对性地制订应急措施，进行专项应急准备和演习。

（4）当发生超过应急能力的重大事故时，便于与上级应急部门协调。

（5）有利于提高风险防范意识。

二、应急预案的编制

现场事故应急救援预案应由生产经营单位负责编制。

1. 事故应急救援预案编制的依据

生产经营单位在编制事故应急救援预案前，首先应对本单位的重大危险源进行辨识，然后对重大危险源的潜在事故和事故后果进行分析，根据分析结果来编制事故应急救援预案。重大危险源的辨识可参照我国《重大危险源辨识标准》GB 18218—2000进行。潜在事故和事故后果分析就是系统地确定和评估重大危险源究竟会发生什么事故和可能导致什么紧急事件，产生什么严重后果，危害程度如何等。

生产经营单位所作的危险源事故后果分析包括以下内容：

（1）可能发生什么样的事故类型，应包括被考虑的最严重事件。

（2）导致那些最严重事件发生的过程。

（3）对潜在事故的描绘（如容器爆炸、管道破裂、安全阀失灵、火灾等）。

（4）对泄漏物质数量的预测（有毒、易燃、爆炸）。

（5）对泄漏物质扩散的计算（气体或蒸发液体）。

（6）有害效应的评估（毒、热辐射、爆炸波）。

（7）非严重事件可能导致严重事件的时间间隔。

（8）如果非严重事件被中止，它的规模如何。

（9）事件之间的联系。

（10）每一个事件的后果。

为了完善事故应急救援预案，要重点分析重大危险源所存在的危险物质的危险性，可从生产厂家附带的危险物质说明书中获得危险物质的特性。

2. 应急救援预案的原则

（1）生产经营单位事故应急救援预案应针对那些可能造成本单位、本系统人员死亡或严重伤害、设备和环境受到严重破坏而又具有突发性的灾害，如火灾、爆炸、毒气泄漏等。

（2）事故应急救援预案应以努力保护人身安全为第一目的，同时兼顾设备和环境的防护，尽量减少灾害的损失程度。

（3）事故应急救援预案应包括对紧急情况的处理程序和措施。

（4）事故应急救援预案应结合实际，措施明确具体，具有很强的可操作性。

（5）事故应急救援预案应符合国家法律、法规的规定。

3. 事故应急救援预案的内容

在对重大危险源潜在事故及事故后果分析的基础上，着手进行事故应急救援预案的编制。事故应急救援预案主要有以下内容：

（1）潜在事故性质和规模及影响范围。包括对潜在事故危险的性质和规模及紧急情况发生时的可能关系及影响范围进行预测和评估。

（2）危险报警。主要内容如下：

①生产经营单位应设置报警装置以保证将任何突发的事故或紧急情况迅速通知给所有有关员工和非现场人员，使其能迅速作出相应决定。

②生产经营单位应保证所有工作人员熟悉报警步骤，以确保尽快采取措施，控制事态发展。

③生产经营单位应根据危险设施规模考虑是否建立紧急报警系统。

④在需要安装报警系统时，应在多处安装报警装置，并达到

一定的数量，以保证报警系统正常、有效工作。

⑤在噪声较严重的地方，生产经营单位应考虑安装显示性报警装置以提醒在现场工作的人员。

⑥在工作场所报警系统报警时，为能尽快通知场外应急服务机构，生产经营单位应保证建立一个可靠的通信系统。

（3）通信联络方法。主要内容如下：

①与生产经营单位内部和事故应急救援预案相关人员的通信联络方法，包括召集重大危险源其他部位或非现场的主要人员到达事故现场的联络方法。

②与场外事故应急救援预案实施机构进行联系的方法，包括与场外事故应急指挥中心和应急救援服务机构的联络方法等。

③与当地安全生产监督管理部门及主管部门的联络方法等。

（4）应急控制系统。生产经营单位在编制事故应急救援预案中应建立应急控制中心，应急控制中心负责指挥和协调处理紧急情况，保证事故应急救援预案的顺利执行。其主要内容如下：

①应急控制中心的地点。

②应急控制中心的组成。

③应能够顺利接收外部信息，具有向事故现场及现场外管理人员发送指令的能力。

④一般情况下，控制中心应包括的设施和资料。

⑤现场总指挥及现场管理者的职权。

⑥现场人员的行动推测。

⑦非现场但可能影响范围内人员的行动准则。

⑧现场措施。

⑨设施关闭程序。

4. 演练与修订

生产经营单位进行事故应急救援预案的演练是必不可少的，通过演练可以验证事故应急救援预案的合理性，对在演练中发现问题及时提出解决方案，发现与实际不符合的情况，及时进行修订完善。

生产经营单位应在现场危险设施和危险物发生变化时，及时修改事故应急救援预案，并应把对事故应急救援预案的修改情况及时通知到所有与事故应急救援预案有关的人员。

三、班组应急管理中的“四个一”

班组员工在应急中应掌握“四个一”，即“一图一点一号一法”。

（1）“一图”——逃生路线图。所有作业现场发生突发事故，班组员工除了抢救身边的伤者，最重要的任务不是救灾抢险，而是逃生，这是现代应急管理的基本原则，是以人为本的具体体现。既然是逃生，就要事先熟悉现场逃生路线，班组应急演习也是为了熟悉这条逃生路线，否则急来抱佛脚，乱了方向，成为无头的苍蝇。

（2）“一点”——紧急集合点。紧急集合地点是逃生路线的终点，它的重要作用体现在：紧急疏散后，集中到此点，便于应急指挥部门点名，核实员工人数，如有缺员，可以立即展开寻救。

（3）“一号”——报警电话号码。报警电话有不同的类别和层次，火警 119，急救 120 是众所周知的，但是作为班组员工，仅仅知道这两个号是远远不够的。这里所说的“一号”，首先是指所在单位的应急指挥中心的电话号码，以及你的直接上级领导的电话。

（4）“一法”——常用的急救方法。突发事件发生后，如何在第一时间内对伤者采取急救措施，争取挽救伤者的机会，对于减少人员伤亡起着重要的作用。

第三节 事故现场急救方法

一、事故现场急救原则

自我保健、自我救治、相互救治将成为人们防治疾病、保障健康的基本手段。在生产劳动过程中，不可避免发生各类工伤事故，为了减少和避免事故造成的伤害和损失，每个员工都应了解一些常见事故发生以后的救护和自救技术，才能做到临危不乱，化险为夷。职业伤害急救原则如下：

（1）遇到伤害发生时，不要惊慌失措，要保持镇静，并设法维持好现场的秩序。

（2）在周围环境不危及生命条件下，一般不要随便搬动伤员。

（3）暂不要给伤病员喝任何饮料和进食。

（4）如发生意外，而现场无人时，应向周围大声呼救，请求来人帮助或设法联系有关部门，不要单独留下伤病员无人照管。

（5）遇到严重事故、灾害或中毒时，除急救呼叫外，还应立即向有关政府、卫生、防疫、公安、新闻媒介等部门报告，报告现场在什么地方、伤病员有多少、伤情如何、都做过什么处理等。

（6）根据伤情对病员边分类边抢救，处理的原则是先重后轻、先急后缓、先近后远，对呼吸困难、窒息和心跳停止的伤病员，从速置其头于后仰位，托起下颌，使呼吸道通畅，同时施行人工呼吸、胸外心脏按压等复苏操作，原地抢救。

（7）对伤情稳定、估计转运途中不会加重伤情的伤病员，迅速组织人力，利用各种交通工具分别转运到附近的医疗单位急救。

（8）现场抢救一切行动必须服从有关领导的统一指挥，不可各自为政。

二、急救时首先要对病人作的检查

现场急救，人命关天，现场急救时的检查不容许像在医院中那样全面细致地进行，但是在给病人做急救处理之前，必须首先了解病人的主要伤情，对病人进行必要的检查，特别是对重要的体征不能忽略遗漏。所以现场急救的检查要抓住重点。

首先要检查心脏跳动情况。心跳是生命的基本体征，正常人每分钟心跳 60～100 次。严重创伤、大出血等病人，心跳多增快，但力量较弱，摸脉搏时觉脉细而快，每分钟跳 120 次以上时多为早期休克。当病人死亡时，心跳停止。

其次是检查呼吸。呼吸也是生命的基本体征，正常每分钟呼吸 16～20 次。垂危病人的呼吸多变快、变浅、不规则；当病人临死前，呼吸变缓慢、不规则直至停止呼吸。在观察危重病人的呼吸时，由于呼吸微弱，难以看到胸部明显的起伏，可以用一小片棉花或小薄纸条，小草等放在病人鼻孔旁，看这些物体是否随呼吸来回飘动来判定还有无呼吸。

最后看瞳孔。正常人两个眼睛的瞳孔等大、等圆，遇到光线照来时可以迅速收缩。当病人受到严重伤害，两侧的瞳孔可以不一般大，可能缩小或扩大。当用电筒突然刺激瞳孔时，瞳孔不收缩或收缩迟钝。

三、急救常识

1. 心肺复苏急救

当伤者心跳呼吸骤停时，必须争分夺秒，采用心肺复苏法（人工呼吸和胸外心脏按压）进行现场急救。

2. 伤口处置急救

人体在突发事故中引起的创伤，如割伤、刺伤、物体打击和碾伤等，常伴有不同程度的软组织和血管的损伤，造成出血征象。常用的止血方法主要是压迫止血法，即用手指或手掌用力压紧伤口附近靠近心脏一端的动脉跳动处，并把血管压紧在骨头上，就能很快起到临时止血的效果。另外有止血带止血法、加压包扎止血法和加垫屈肢止血法等。

3. 触电急救

（1）人触电以后，会出现神经麻痹、呼吸中断、心脏停止跳动等征象，外表上呈现昏迷不醒的状态。触电急救的基本原则是动作迅速、方法正确。

（2）首先应立即使触电者脱离电源。如果触电者伤势不重、神志清醒，但有些心慌、四肢麻木、全身无力，或触电者曾一度昏迷，但已清醒过来，应让触电者安静休息，注意观察并请医生前来治疗。

（3）如果触电者伤势较重，已经失去知觉，但心脏跳动和呼吸尚未中断，应让触电者安静地平卧，解开其紧身衣服以利呼吸；保持空气流通，若天气寒冷，则注意保温。严密观察，速请医生治疗或送往医院。

（4）如果触电者伤势严重，呼吸停止或心脏跳动停止，应立即实施口对口人工呼吸或胸外心脏按压进行急救；若二者都已停止，则应同时进行口对口人工呼吸和胸外心脏按压急救，并速请医生治疗或送往医院。在送往医院的途中，不能中止急救。

（5）若触电的同时发生外伤，应酌情处理。对于不危及生命的轻度外伤，可以在触电急救之后处理；对于严重的外伤，在实施人工呼吸和胸外心脏按压的同时进行处理，如伤口出血，应予以止血，进行包扎，以防感染。

（6）救护人员切不可直接用手、其他金属或潮湿的物件作为救护工具，而必须使用干燥绝缘的工具。救护人员最好只用一只手操作，以防自己触电。

（7）为防止触电者脱离电源后摔倒，应准确判断触电者倒下的方向，特别是触电者身在高处的情况下，更要采取防摔措施。

（8）人在触电后，有时会有较长时间的“假死”，因此，救护人员应耐心进行抢救，不可轻易中止，但切不可给触电者打强心针。

（9）触电后，即使触电者表面的伤害看起来不严重，也必须接受医生的诊治，因为身体内部可能会有严重的烧伤。

图书在版编目（CIP）数据

班组长安全生产知识读本／无锡市安全生产监督管理局编．—北京：煤炭工业出版社，2014（2016.5 重印）

（企业从业人员全员安全培训知识读本）

ISBN 978－7－5020－4466－4

Ⅰ.①班…　Ⅱ.①无…　Ⅲ.①班组管理—安全管理　Ⅳ.①F406.6

中国版本图书馆 CIP 数据核字（2014）第 061116 号

煤炭工业出版社　出版
（北京市朝阳区芍药居 35 号　100029）
网址：www.cciph.com.cn
北京玥实印刷有限公司　印刷
新华书店北京发行所　发行
*
开本 880mm×1230mm 1/32　印张 4 5/8
字数 113 千字
2014 年 4 月第 1 版　2016 年 5 月第 2 次印刷
社内编号 7298　定价 10.00 元
